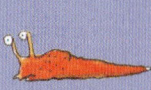

Das große Vorlesebuch der Schul-Geschichten

Mit Texten von Margit Auer,
Charlotte Habersack, Liane Schneider,
Christian Tielmann und anderen

CARLSEN-Newsletter
Tolle neue Lesetipps kostenlos per E-Mail
www.carlsen.de
Sonderausgabe im Sammelband
© 2019 by Carlsen Verlag GmbH, 22703 Hamburg
Alle deutschen Rechte vorbehalten
Umschlagillustration: Sigrid Leberer
Herstellung: Derya Yildirim
ISBN: 978-3-551-51194-2
Carlsen-Bücher gibt es überall im Buchhandel oder auf carlsen.de

Inhalt

11	Der Schnupper-Schultag
16	Ein kleiner Pirat im Klassenzimmer 
19	Gestatten, Morrison! 
28	Auf dem Schulweg
31	Pixis Waldschule 
34	Der einzigartige Ranzen 
39	Conni kommt in die Schule 
50	Ronaldo auf Reisen 

Inhalt

55 Pippa schleimt rum

60 Hanna schafft das

64 Antonia und Ole kommen in die Schule

71 Maxe in der Klemme

80 Die geheimnisvolle Schultüte

84 Gegenteil-Tag

88 Kapitän Sternhagel und die Seehundschule

92 Max kommt in die Schule

98 Karos erster Schultag

102 Schoki bekommt ein Paket

110 Drei Monster in der Schule

113 Unser erster Schultag

116 Timo kann das schon allein

121 Pippa und das Heimweh

126 Einschulung mit Hindernis

130 Die Piratenschule

Inhalt

133 Schulweg mit Papa

137 Obos Abenteuer

143 Der erste Ausflug

147 Die Urwald-Schule

150 Jetzt bin ich endlich Schulkind

Der Schnupper-Schultag

Eine Geschichte von Julia Breitenöder
Mit Bildern von Annika Sauerborn

Tina trödelt hinter Mama her. Trotzig kickt sie gegen einen kleinen Stein.

„Was ist denn?", fragt Mama und streckt die Hand aus. „Los, ich ziehe dich. Sonst kommen wir ja nie an."

Tina steckt ihre Hände in die Jackentaschen und trottet weiter. „Mir egal", murmelt sie. „Ich will heute gar nicht in den Kindergarten."

„Aber heute macht ihr doch den Ausflug in die Schule!", ruft Mama.

„Pfff", schnaubt Tina. „Blöde Schule!"

Ihre Mutter wundert sich. „Ich dachte, du freust dich auf den Schnuppertag."

Tina schüttelt den Kopf, dass ihre Haare fliegen.

„Wieso denn nicht? Du wolltest doch in die Schule gehen. Zu Hause steht sogar schon dein Schulranzen."

„Den kannst du ins Geschäft zurückbringen", sagt Tina. „Ich geh nämlich nicht in die Schule. Ich bleibe im Kindergarten. Für immer."

Inzwischen haben sie den Kindergarten erreicht. Erzieherin Monika steht an der Tür und winkt, aber Tina klammert sich an Mama und schluchzt ein bisschen. „Im Kindergarten kann ich immer mit Eva spielen. Sie kommt aber auf eine andere Schule als ich. Hier kenne ich alle Kinder und die Erzieherinnen. In der Schule sind bestimmt viele blöde Kinder! Die Lehrer sind total streng, sagt Jonas. Da muss man nur still sitzen und ruhig sein. Außerdem gibt es da keine UFO-Schaukel und keinen Matschberg. Und …"

„Gut, dass du da bist, Tina, wir warten nur noch auf dich!" Monika und alle Vorschulkinder sind zum Tor gekommen. Mama beugt sich schnell zu Tina herunter und flüstert: „Ich kann verstehen, dass du des-

halb traurig bist. Aber wer weiß, was in der Schule tolles Neues auf dich wartet. Guck es dir erst mal an, und wir reden am Abend darüber."

Tina beschließt beim Schnuppertag alles fürchterlich zu finden. Bestimmt muss sie sich dafür nicht mal anstrengen.

Dann marschiert die Gruppe los. Mama winkt Tina und pustet ihr einen Luftkuss zu.

„Freust du dich auch schon?", fragt Eva.

Tina brummt: „Nee, gar nicht."

„Ich bin so aufgeregt!", ruft ihre Freundin.

Aber Tina ist nicht umzustimmen. Die Schule ist blöd, das weiß sie ganz genau.

Das Schulhaus hat bunte Wände und an allen Fenstern hängen Bastelarbeiten und Bilder.

Monika teilt die Kinder in zwei Gruppen auf. Zum Glück darf Tina bei Eva bleiben.

„Ihr geht in die Klasse von Frau Krohn", sagt Monika und öffnet eine Tür.

Jedes Schulkind hat einen freien Stuhl neben sich stehen.

„Sucht euch einen Platz", sagt die Lehrerin, aber Tina bleibt mitten in der Klasse stehen und sagt: „Ich kenne dich!"

Frau Krohn muss lachen. „Ja, natürlich kennst du mich. Ich kenne dich auch, Tina", sagt sie. „Hast du nicht gewusst, dass ich Lehrerin bin?"

Tina schüttelt den Kopf. Frau Krohn wohnt zwei Stockwerke über ihr, aber wo sie arbeitet, das hat sie bis eben nicht geahnt. Diese Lehrerin kann sie nicht mal doof finden, wenn sie sich wie verrückt anstrengt.

Leider sind die Schüler auch nicht blöd. In der Klasse sind lauter Kinder, die letztes Jahr noch im Kindergarten waren. Tina setzt sich schnell neben Miriam, mit der sie immer viel gespielt hat.
Der Unterricht beginnt. Eigentlich ist es nicht viel anders als der Vorschüler-Treff im Kindergarten. Frau Krohn liest eine Geschichte von einem Elefanten vor, dann malen alle Kinder Bilder zu der Geschichte und basteln ein kleines Buch daraus. Wer es schon kann, darf auch Wörter dazuschreiben. Tina setzt in bunten Buchstaben ihren Namen auf das erste Blatt.

Schon klingelt es zur Pause. Miriam zieht Tina mit sich auf den Pausenhof und ruft: „Komm schnell! Wir müssen unbedingt aufs Klettergerüst!"

Das Gerüst ist wirklich toll. Von oben kann man bis zum Kindergarten sehen. Außerdem gibt es eine Hubbelrutsche und verschiedene Hüpfkästchen. Tina würde am liebsten alles ausprobieren, aber dafür reicht die Pause nicht.

„Bald bist du ja jeden Tag hier", tröstet Miriam sie. Und plötzlich findet Tina diese Vorstellung gar nicht mehr so schrecklich.

Ein kleiner Pirat im Klassenzimmer

Eine Geschichte von Birgit und Dirk Rehaag
Mit Bildern von Daniel Kratzke

Der kleine Pirat wohnt, seit er denken kann, auf einem großen Segelschiff voller Piraten. Sein Papa ist der Kapitän und gemeinsam erobern sie die Meere.

„Sohnemann, bald kommst du in die Schule!", ruft der Kapitän und wirbelt den kleinen Piraten durch die Luft. „Ist das nicht wunderbar?"

Doch der kleine Pirat findet das ganz und gar nicht wunderbar. „Ich will aber nicht in die Schule!", jammert er.

„Was soll ich denn da?" Sein Papa zwinkert ihm zu: „Lesen lernen, schreiben und rechnen! Damit du mal ein großer Kapitän wirst!" Der kleine Pirat überlegt: Na, wenn das so ist …

Der große Tag ist da: Heute kommt der kleine Pirat in die Schule. Mit der einen Hand hält er die Schultüte, mit der anderen Papas Pranke.

Dem kleinen Piraten ist plötzlich ganz mulmig. Alle sehen so anders aus?!

Auf dem Weg zum Klassenzimmer schauen die anderen Kinder den kleinen Piraten mit großen Augen an. Vorsichtshalber setzt sich der kleine Pirat erst einmal allein an einen Platz weit hinten am Fenster.

Dafür sieht die Lehrerin sehr nett aus. „Wer kann denn schon seinen Namen schreiben?", will sie als Erstes wissen. Fast alle melden sich. „Ich kenn auch schon die Zahlen!", ruft ein Mädchen aus der ersten Reihe. Sie heißt Merle. Nur der kleine Pirat bleibt mucksmäuschenstill.

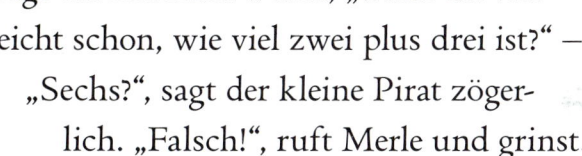

„Kleiner Pirat", fragt die Lehrerin weiter, „weißt du vielleicht schon, wie viel zwei plus drei ist?" – „Sechs?", sagt der kleine Pirat zögerlich. „Falsch!", ruft Merle und grinst. „Fast richtig!", sagt die Lehrerin. Trotzdem wird der kleine Pirat mindestens so rot wie sein Kopftuch.

Am nächsten Tag steht Sport auf dem Plan. „Das schafft niemand!", mault Merle. Die Kinder sollen an einem Seil nach oben klettern. Dabei bleiben alle ächzend und stöhnend auf Halbmast hängen. Nur einer ist schwuppdiwupp oben: der kleine Pirat! „Wahnsinn", staunt der Rest. Und das macht dem kleinen Piraten Mut.

Im Musikunterricht traut er sich als Einziger, alleine vorzusingen. „Das ist mein Lieblings-Seemannslied", sagt der kleine Pirat stolz und singt einfach los.

Später liest die Lehrerin aus den Lieblingsbüchern der Kinder vor. Der kleine Pirat hat kein Buch dabei, aber er erzählt eine Piratengeschichte. Die ist so spannend, dass die Lehrerin vor Aufregung an den Nägeln knabbert. „Du?", fragt Merle in der großen Pause vorsichtig, „kannst du mir das Klettern beibringen?" Der kleine Pirat überlegt. „Ich helf dir dafür auch bei den Hausaufgaben oder so", sagt Merle schnell noch dazu. Beide müssen grinsen. „Geht klar!", sagt der kleine Pirat schließlich.

Am Abend schaukelt der kleine Pirat zufrieden in seiner Hängematte. Gleich morgen wollen Merle und er loslegen: Zuerst mit Klettern und dann Rechnen ...

Gestatten, Morrison!

Eine Geschichte von Margit Auer
Mit Bildern von Nina Dulleck

Die vierte Stunde begann pünktlich um 10:30 Uhr. Die Klasse war gerade dabei, die längsten Flüsse Europas ins Heft zu übertragen, als es klopfte.

Miss Cornfield schaute auf. „Der Besuch ist da", sagte sie und klatschte in die Hände.

Es klopfte ein zweites Mal.

„Herein!", rief die Lehrerin.

Die Tür ging auf. Ein Mann mit Schlapphut, grauem Kittel und Lederstiefeln schlurfte über den abgeschabten Parkettboden. Er erinnerte Benni an ein Bilderbuch, aus dem ihm seine Mutter vorgelesen hatte, als er noch klein war. Darin gab es einen Mann, der im Wald wohnte, sich von Pilzen und Beeren ernährte und mit niemandem redete außer mit den Wölfen, die nachts um seine Hütte streunten.

„Gestatten, Morrison", sagte der Mann und machte eine kleine Verbeugung. „Mortimer Morrison, Inhaber der magischen Zoohandlung", nuschelte der Besucher.

„Mr. Mortimer Morrison wird uns in diesem Schuljahr mit magischen Tieren versorgen", erklärte Miss Cornfield vergnügt.

„Waaas?", fragte Anna-Lena.

„Magische Tiere!", wiederholte Miss Cornfield. „Er versorgt uns mit magischen Tieren!"

In der Klasse brach ein Tumult aus.

Mr. Morrison stand ein wenig verlegen neben der Lehrerin und knetete seine Hände.

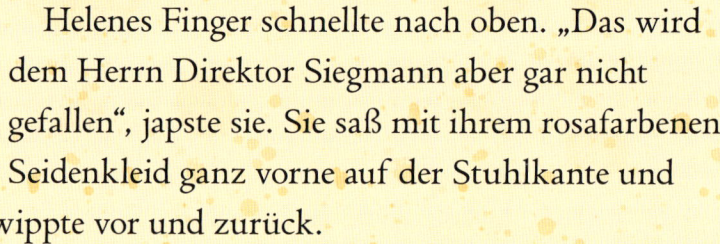

Helenes Finger schnellte nach oben. „Das wird dem Herrn Direktor Siegmann aber gar nicht gefallen", japste sie. Sie saß mit ihrem rosafarbenen Seidenkleid ganz vorne auf der Stuhlkante und wippte vor und zurück.

Miss Cornfield zog die Augenbraue hoch. „Siehst du ihn hier irgendwo?", fragte sie. „Der Direktor ist auf einem Kongress, meine Liebe. Das steht am Schwarzen Brett im Lehrerzimmer."

„Aber, aber", stotterte Helene, „morgen ist Herr Siegmann doch wieder da."

„Was kümmert uns morgen", sagte Miss

Cornfield kühl. „Mr. Morrison beehrt uns heute mit seinem Besuch. Und er ist nicht allein hier. Also setzt euch und benehmt euch gefälligst etwas höflicher. Mr. Morrison?"

Der Mann hob den Kopf. „Soll ich sie holen?", raunte er.

Miss Cornfield nickte dem Besucher zu. Mr. Morrison schlurfte zur Tür, verschwand im Gang und kehrte kurz darauf mit einem Käfig ins Klassenzimmer zurück. In dem Käfig saß ein großer Vogel mit weißem Bauch und langem schwarzen Schwanz. Das Gefieder schimmerte blauviolett und grün. Es war eine Elster.

„Darf ich vorstellen?" Mr. Morrison beugte sich ächzend nach unten und öffnete den Käfig. „Das ist Pinkie, meine Assistentin."

Pinkie schlüpfte aus dem Käfig, flatterte unbeholfen durch das Klassenzimmer und ließ sich auf Mr. Morrisons rechter Schulter nieder. Sie wackelte mit dem Kopf. Es sah aus, als wollte Pinkie der Klasse ebenfalls Hallo sagen. Alle lachten.

Miss Cornfield sagte: „In der magischen Zoohandlung von Mr. Morrison gibt es noch sehr viel mehr Tiere."

„Welche denn?", fragte Ida neugierig.

„Kleine Tiere, große Tiere, heimische Tiere, exotische Tiere", zählte Miss Cornfield auf. „Auch Hasen und Kaninchen?", unterbrach Finja sie.

Miss Cornfield nickte. „Auch das."

„Auch Pinguine?", fragte Jo und sah sich grinsend um.

Die anderen lachten.

„Natürlich."

Ein Raunen ging durch die Klasse.

„Cool!", entfuhr es Silas. „Können wir ein Krokodil haben? Für unseren Schulteich?"

„Und ein Pony? Bitte, bitte!", flehte Leonie, das Mädchen mit den vielen Sommersprossen.

Miss Cornfield schüttelte den Kopf. „Ihr könnt euch diese Tiere nicht selbst aussuchen. Wer von euch ein magisches Tier bekommt, entscheide ich. Und welches Tier das sein wird, ebenfalls. Natürlich in Absprache mit Mr. Morrison."

Die Klasse tuschelte aufgeregt.

„Was kann man mit so einem magischen Tier anfangen?", wollte Max, der Professor, wissen.

„Kann das Tier zaubern?", rief Schoki.

„Werden die Tiere manchmal unsichtbar?"

Miss Cornfield hob die Hand. Ruhe trat ein. „Nein, unsichtbar werden die magischen Tiere nie. Jedenfalls nicht so richtig. Aber natürlich haben sie magische Kräfte. Mr. Morrison wird es euch erklären."

Mr. Morrison räusperte sich und begann mit knarzender Stimme zu sprechen. „Magische Tiere sind etwas ganz Besonderes. Sie sind uns ähnlicher, als wir es für möglich halten. Manchmal kommt es uns vor, als

könnten sie unsere Gedanken lesen. Sie kennen unsere geheimen Wünsche." Er hob seine runzlige Hand und strich damit Pinkie über das Gefieder. „Wer einen solchen Freund an seine Seite bekommt, hat großes Glück. Ein magisches Tier begleitet dich und hilft, wenn du in der Patsche sitzt."

Der Mann nahm den Schlapphut ab und zupfte an seinen grauen Haaren. „Wer es richtig anstellt, bekommt einen Freund fürs Leben." Er warf einen zärtlichen Blick auf seine Elster.

„Kommt jeder mal dran?", rief Schoki aufgeregt.

„Jeder, der es nötig hat", mischte sich Miss Cornfield vom Lehrerpult aus ein.

„Was werden unsere Eltern dazu sagen?", erkundigte sich Anna-Lena besorgt.

Mr. Morrison lächelte. „Keine Sorge. Sie werden die magischen Tiere nicht bemerken."

„Wie kann das sein?", fragte Max erstaunt.

Der seltsame Besucher zögerte. „Es scheint, als wären die meisten Menschen zu unaufmerksam, um die Magie wahrzunehmen, die um sie herum passiert. Sie sind zu beschäftigt mit anderen Dingen. Sie sehen sie einfach nicht."

Die Klasse sah ihn zweifelnd an.

„Glaubt mir nur!", beharrte Mr. Morrison. „Ich wette, ihr könnt mit einem magischen Koala durch den Supermarkt spazieren und keiner wird ihn bemerken!"

Niemand sagte etwas.

„Außerdem, nur zur Sicherheit", fuhr Mr. Morrison fort, „hab ich den Tieren noch einen Trick beigebracht. Stell dir vor, du kriegst eine Schlange ..."

Ein Raunen ging durchs Klassenzimmer. Benni hielt die Luft an.

„... oder vielleicht eine Fledermaus."

Eddie kicherte.

„Stell dir also vor", versuchte es Mr. Morrison erneut, „stell dir vor, du bekommst eine Katze und sie liegt auf deinem Schoß, während du Hausaufgaben machst ..."

Er schaute unsicher zu Miss Cornfield, als wollte er sich versichern, dass er alles richtig erklärte. Als die Lehrerin nickte, fuhr er fort: „Sollte zufällig deine Mutter hereinplatzen, wird sie auf deinem Schoß nichts anderes sehen als ein hübsches, kuscheliges Plüschtier."

Ungläubige Stille trat ein.

Schließlich hob Ida den Finger. „Und wenn sie die Tür zumacht, wird die magische Katze wieder lebendig?"

Mr. Morrison nickte. „Wir nennen es Versteinern", sagte er stolz.

Alle staunten.

„Ich wünsche mir ein Känguru", sagte Silas in die Stille hinein. „Es soll mich in seinem Beutel zur Schule tragen. Und die Bücher gleich dazu."

Miss Cornfield schaute streng. „Über magische Tiere macht man keine Witze. Außerdem sind sie Freunde, keine Untertanen."

„Was können sie denn überhaupt?", fragte Helene schnippisch.

Mr. Morrison wanderte langsam durch die Reihen. Er antwortete mit knarzender Stimme: „Euer Tier kann mit euch sprechen – aber nur mit euch. Andere Menschen werden es nicht hören. Euer magisches Tier wird euch niemals im Stich lassen. Ihr bekommt den treuesten Gefährten, den ihr euch vorstellen könnt."

„Wann ist es so weit?", fragte Leonie aufgeregt.

„Abwarten." Miss Cornfield stand auf und stellte sich neben ihren Gast. Ida fiel auf, dass sie die gleichen lebhaften blauen Augen wie Mr. Morrison hatte. „Wer drankommt, wird es rechtzeitig erfahren."

Sie lächelte. „So viel kann ich allerdings verraten: Zwei Kinder, die hier sitzen, werden bald nicht mehr allein sein."

Helene meldete sich. „Das ist doch ein riesiger Quatsch!", regte sie sich auf. „Wir brauchen diesen Blödsinn nicht. Und von dem da", sie deutete auf Mr. Morrison und rümpfte die Nase, „lass ich mir gar nichts vorschreiben."

Miss Cornfield sagte kein Wort. Sie durchbohrte Helene mit eiskaltem Blick, bis jedem in der Klasse ein Schauer über den Rücken lief. Erst als Helene eingeschüchtert den Kopf senkte, sprach die Lehrerin weiter.

„Bevor Mr. Morrison uns seine ersten beiden Tiere anvertraut, müsst ihr schwören, niemandem von unserem Geheimnis zu erzählen." Miss Cornfield schaute wieder streng. „Ist das klar?"

Alle nickten, sogar Helene.

Alle spürten die Spannung, die in der Luft lag. Plötzlich erschienen wie aus dem Nichts grüne Leuchtbuchstaben an der Tafel. Fast wie auf der Anzeigetafel eines Flughafens, auf der verschiedene Reiseziele aufblinkten. Aber an der Schultafel stand nicht: „Abflug nach London um 12 Uhr".

Nein, dort stand eine Art Schwur.

Ganz automatisch erhob sich einer nach dem anderen von seinem Stuhl. Es hätte nicht viel gefehlt und sie wären nach vorne getreten und hätten sich alle an den Händen gefasst.

Miss Cornfield räusperte sich. Mr. Morrison begann als Erster zu sprechen, leise und eindringlich. Die anderen stimmten nacheinander mit ein,

am Anfang noch etwas zaghaft, doch schon bald schallte es laut und deutlich durch das Klassenzimmer.

*„Niemals, niemals sprechen wir
mit anderen über das magische Tier.
Die magische Zoohandlung ist streng geheim,
so soll es für immer und ewig sein."*

Plötzlich lag eine feierliche Stimmung im Klassenzimmer. Alle waren wie verzaubert.

Als sich der Besuch verabschiedete, fiel Ida noch etwas ein: „Wie lange bleibt das Tier bei seinem Kind?"

„Für immer", antwortete Mr. Morrison.

Wie es weitergeht, erfahrt ihr in den Büchern der Reihe „Die Schule der magischen Tiere" von Margit Auer.

Auf dem Schulweg

Eine Geschichte von Hanna Sörensen
Mit Bildern von Marine Ludin

„Ich muss los", sagt Lea und schiebt den Frühstücksteller zur Seite. „Aber du hast doch noch ganz viel Zeit", wundert sich Mama. Lea zieht sich schon die Schuhe an. Das Schulbrot und der Apfel stecken längst im Ranzen. „Heute gehe ich doch mit Frederike zur Schule", erklärt sie. Und deshalb will Lea nicht zu spät kommen. Sie setzt die Schultasche auf den Rücken und nimmt den Turnbeutel vom Haken. Bis vor kurzem hat Mama sie morgens immer zur Schule gebracht. Doch jetzt kennt Lea den Weg so gut, dass sie allein gehen kann. „Weißt du noch,

an welcher Seite vom Fußweg du gehst?", fragt Mama. „An der Kinderseite, ist doch klar", meint Lea. „Und wo ist die?" Mama will es ganz genau wissen. „Immer neben den Häusern", sagt Lea, „und nicht am Bordstein."

Zwei Straßen weiter wartet Frederike vor der Gartenpforte. Lea erkennt sie schon von weitem: Niemand sonst aus der ersten Klasse hat so eine knallgrüne Schultasche! Lea winkt Frederike zu. Da klingelt es hinter ihr. „Guten Morgen", grüßt der Radfahrer von hinten. „Bitte nicht erschrecken." Gut gelaunt radelt er an Lea vorbei.

„Kein Problem", ruft Lea. „Ich habe doch das Schild gesehen." Denn sie weiß, was das Verkehrszeichen bedeutet: Hier teilen sich Radfahrer und Fußgänger den Weg. Etwas später bleiben Frederike und Lea vor dem Zebrastreifen stehen.

„Fußgängerüberweg" heißt das eigentlich. Das viereckige blaue Zeichen zeigt, wie ein Fußgänger über die Straße geht. Aber Lea findet den Vergleich mit den schwarzweiß gestreiften Zebras viel lustiger. Denn genau so sieht der Überweg aus.

Lea schaut zu, wie Frederike den Arm ausstreckt. Das kann sie auch! Das Auto bremst ab und hält an. Frederike schaut der Fahrerin ins Gesicht, die ihr freundlich zunickt. „Alles klar", sagt Frederike, „das Auto wartet. Jetzt können wir über den Zebrastreifen gehen."

An der großen Kreuzung wollen Frederike und Lea die Straße überqueren. Jede drückt einmal auf den Knopf an der Ampel. Dann schauen sie zum roten Männchen auf der gegenüberliegenden Straßenseite. Es

dauert nicht lange, und die Autos halten an. Die Ampel springt um und das grüne Männchen ist zu sehen. Gemeinsam mit den anderen Schulkindern gehen Frederike und Lea über die Straße.

An der Bushaltestelle ist ein großes Gedränge. Lea muss aufpassen, dass sie Frederike nicht verliert. „Komm, wir gehen mal zur Seite", meint Lea, „dann können die Leute besser ein- und aussteigen." Wenig später fährt der Bus ab und der Gehweg ist wieder frei.

Jetzt müssen Lea und Frederike nur noch eine Straße überqueren – dann haben sie die Schule erreicht. Die beiden bleiben am Bordstein stehen. Zuerst schauen sie

nach links, dann nach rechts, dann wieder nach links. Es kommt kein Auto. Erst dann überqueren sie auf geradem Weg die Straße. Lea und Frederike laufen zu ihrem Klassenzimmer. „Wollen wir heute Mittag auch zusammen nach Hause gehen?", fragt Frederike. „Na klar!", ruft Lea. „Und morgen früh holst du mich zu Hause ab."

Pixis Waldschule

Eine Geschichte von Simone Nettingsmeier
Mit Bildern von Dorothea Tust

Es ist Sommer. Pixi und Hase Langbein probieren gerade eine leckere Waldmeisterlimonade. Da kommt Ricky Waschbär vorbei. Aber der sieht gar nicht glücklich aus. „Was ist passiert?", fragt Pixi besorgt.

„Ich habe einen Hasenjungen getroffen", seufzt Ricky. „Na, das ist ja nichts Besonderes", lacht Pixi. „Ja", meint Ricky, „aber der Hase hat mir sein Zeugnis von der Hasenschule gezeigt. Mit lauter guten Noten. So was hab ich noch nie gekriegt."

„Warst du denn nie in einer Waschbärenschule?", fragt Hase Langbein ungläubig. „Nein, die gibt's doch gar nicht", antwortet Ricky. „Dann machen wir eben eine Waldschule auf", schlägt Pixi vor. „Und die Eule ist die Lehrerin!"

„Au ja!", ruft Hase Langbein begeistert. „Kommt, wir fragen unsere Freunde, ob sie auch zur Waldschule gehen." Da strahlt Ricky mit den anderen um die Wette. Schnell sausen sie los, um allen Bescheid zu sagen.

Nur kurze Zeit später entsteht auf einer kleinen Lichtung im Wald ein Klassenzimmer.

Umbärto hat Baumstämme angeschleppt. Die dienen als Tische. Ein riesiger Stein wird zur Tafel. „Und auf dem Ast ist Platz für die Lehrerin", meint Pixi zufrieden.

„Was braucht man eigentlich in der Schule?", fragt Ricky, als sie später vor Pixis Hütte sitzen. „Auf jeden Fall eine Tasche für deine Sachen", erklärt Pixi. „Und was zu essen für die Pausen", meint Umbärto. Der hat nach all der Arbeit nämlich einen Riesenhunger.

Ricky aber hat keine Zeit zum Essen. Aufgeregt bastelt er aus einem großen Stück Kork eine Tasche. Und in die packt er ein 1-a-Pausenbrot für den ersten Schultag. Am nächsten Morgen treffen sich alle in der Waldschule. Selbst der graue Fuchs und ein paar Krähen sind gekommen.

„Guten Morgen", ruft die Eule den Waldbewohnern zu. „Lasst uns zunächst unser bekanntes Waldlied singen." Aber die Krähen sind ganz und gar nicht musikalisch. So klingt der Schulchor ziemlich schräg. Die Eule hält sich die Ohren zu. „Stopp!", ruft sie nach einer Weile. „Wir üben erst die Tonleiter."

„C, D, E, F, G ..."
Fleißig singen die Waldbewohner die Töne, bis die erste Schulstunde vorbei ist. „Jetzt habt ihr eine kleine Pause und danach schwimmen wir 50 Meter im Fluss", bestimmt die Eule. „Toll!", freut sich Ricky Waschbär, denn schwimmen kann er besonders gut.

Der graue Fuchs aber will sich unbemerkt davonschleichen, denn er ist ziemlich wasserscheu. Doch da hat er die Rechnung ohne Pixi gemacht. „He, der Fluss ist auf der anderen Seite", ruft Pixi. „Ich, äh ...", stammelt der Fuchs. Er will nämlich nicht zugeben, dass er nur ganz schlecht schwimmen kann. Aber Pixi hat ihn längst durchschaut.

„Probier's mal damit", meint Pixi und reicht dem Fuchs Rickys Korktasche. „Das ist eine super Schwimmhilfe." Da bläst die Eule schon die Trillerpfeife und alle springen in den Fluss. Der Fuchs hält sich mit der Tasche tapfer über Wasser. Und Ricky erreicht als Erster das Ziel. „Dafür bekommst du eine Eins", lobt die Eule.

„Juhu!", ruft Ricky begeistert. „Das ist meine allererste gute Note!" „Die feiern wir nach der Schule mit Waldmeisterlimonade", meint Pixi. „Und mit Kuchen", lacht Ricky. Denn sein Pausenbrot lassen sich gerade die Fische schmecken ...

Der einzigartige Ranzen

Eine Geschichte von Julia Breitenöder
Mit Bildern von Annika Sauerborn

Die kleinen Feen Polly und Feli schwingen auf der Glockenblumenschaukel hin und her – und hin und her.

Polly lacht. „Das ist schöner als fliegen!"

„Ich fühle mich sowieso schon ganz leicht", ruft Feli. „Vor Freude! Morgen fängt endlich die Feenschule an!"

Polly bremst ihre Schaukel ab und guckt Feli mit leuchtenden Augen an. „Hast du deinen Schulranzen schon?"

Feli schüttelt den Kopf. „Nein. Aber ich bekomme ihn nachher." Sie lächelt. „Er ist ganz neu und nur für mich!"

Feli hat drei große Schwestern, bei ihnen zuhause ist immer was los und sie haben ziemlich viel Spaß miteinander. Aber einen Nachteil gibt es: Feli erbt immer die alten Kleider ihrer Geschwister. Polly kann deshalb verstehen, dass Feli auch mal etwas haben möchte, das nur für sie alleine ist.

„Oh, wie toll! Der Ranzen sieht bestimmt wunderschön aus!"

„Ich freu mich schon so!", jubelt Feli und stürzt sich lachend auf ihre Freundin. Die kippt um und beide Mädchen kugeln kichernd durchs Gras. Den restlichen Tag verbringen sie damit, Feenschule zu spielen.

Als die Abendkrähe krächzend vorbeifliegt, springt Feli auf.

„Oje, schon so spät?", ruft sie erschrocken.

Feli winkt ihrer Freundin und fliegt quer über die Blumenwiese davon.

Zu Hause sitzen Mama, Papa, Flo, Fine und Fiona mit geheimnisvollen Gesichtern am Tisch. Aber Feli kann nichts essen. Sie hüpft durch die Küche und quengelt: „Bekomm ich jetzt meinen Ranzen? Bitte, Mama! Sonst platze ich vor Spannung!"

„Das wollen wir natürlich nicht. Guck mal in der Vorratskammer nach", sagt Mama lachend und zeigt hinter sich.

Schnell flitzt Feli in den kleinen Raum neben der Küche. Da steht er! Ein knallgelber Ranzen. Aber ...

„Oh." Mehr kann sie nicht sagen. Diesen sonnengelben Ranzen kennt sie nämlich. Neu ist er ganz sicher nicht. Und nur für sie auch nicht.

Mama tritt neben Feli und legt ihr den Arm um die Schulter. „Flos Ranzen hat dir doch immer so gut gefallen! Deswegen bekommt sie jetzt einen alten Rucksack von Fiona und du kannst den Sonnenranzen haben."

Felis Augen brennen wie verrückt. Krächzend bekommt sie ein Danke heraus. Dann dreht sie sich um und läuft aus der Küche. Sie wirft sich auf ihr Bett und zieht sich die Decke über den Kopf. „Alle bekommen zum Schulanfang neue Sachen, nur ich muss immer, immer die alten wiederbenutzen! Warum kann ich nicht einmal etwas als Erste haben? Was nur meins ist?"

Tränen kullern auf ihr Kissen und die ganze Schulvorfreude ist verschwunden.

Mama kommt rein und setzt sich zu ihr. Aber Feli bleibt unter der Decke. Sie will mit niemandem reden, niemanden sehen, keinen Schlafanzug anziehen, nicht die Zähne putzen. Und schon gar nicht will sie morgen in die Schule gehen. Sie bleibt einfach für immer und ewig unter der Decke.

Später schleichen ihre Schwestern ins Zimmer. Sie flüstern: „Du musst nicht traurig sein, Feli. Morgen früh ist alles wieder gut!"

Ja, ja, die haben gut reden. Dass sie nur einen ollen, zerkratzten Rest-Ranzen hat, das wird Feli auch morgen nicht vergessen haben.

Irgendwann muss sie doch eingeschlafen sein, denn sie wird wach, als

ihr jemand mit einem Ruck die Decke wegzieht. „Lasst mich schlafen!", murrt Feli und starrt Flo, Fine und Fiona böse an, die sich ums Bett versammelt haben und geheimnisvolle Gesichter machen.

„Aufwachen! Heute ist dein erster Tag an der Feenschule!", ruft Flo.

Feli brummt und vergräbt den Kopf im Kissen.

„Wir haben eine Überraschung für dich", sagt Fine.

Feli brummt wieder. Wahrscheinlich ein Paar alter Schuhe oder ein gebrauchtes Mäppchen.

„Guck doch mal, was wir für dich gemacht haben!", quengelt Flo.

Jetzt ist Feli schon ein bisschen neugierig und blinzelt unter dem Kissen hervor. Vor ihrem Bett steht etwas Gelbes. Der alte Ranzen. Den will sie gar nicht sehen! Aber irgendetwas ist anders als gestern ...

Feli reibt sich die Augen. Der Ranzen ist von oben bis unten bedeckt mit bunten Blumen und Schmetterlingen! Die Träger sind plötzlich grasgrün. Vorne dran ist eine ganz neue Tasche. Alle Kratzer und Flos Kritzeleien, die gestern noch zu sehen waren, sind verschwunden. Feli springt aus dem Bett und schaut sich ihren Ranzen genau an. Alles ist neu! Sie drückt ihre Schultasche an sich und strahlt.

„Jetzt hast du dein ganz eigenes Modell. Das hatte noch niemand zuvor und so eins wird auch nie wieder jemand haben. Das haben wir alles gestern Abend noch für dich gezaubert! Und wir haben uns ganz viel Mühe gegeben!" Ihre Schwestern strahlen.

„Gefällt er dir?", fragt Flo.

Feli grinst wie ein Honigkuchenpferd. „Ja, er gefällt mir richtig gut! Danke!" Jetzt kann sie es ganz leicht sagen.

Als dann auch noch Mama reinkommt und ihr feierlich ein neues geblümtes Kleid und eine Schultüte überreicht, schwirrt Feli vor Freude durch den Raum.

Manchmal ist es anstrengend, die Jüngste in so einer großen Familie zu sein, aber fast immer ist es einfach nur toll!

conni kommt in die Schule

**Eine Geschichte von Liane Schneider
Mit Bildern von Janina Görrissen**

Conni geht noch in den Kindergarten. Aber nicht mehr lange!

Heute steht es in der Zeitung. Mama liest laut vor: „Alle Kinder, die nächstes Jahr vor Anfang Oktober sechs Jahre alt werden, müssen in der Schule angemeldet werden."

„Ich auch?", fragt Conni.

Mama nickt: „Ja, du wirst nächstes Jahr auch schon sechs Jahre alt, im April."

Später kommt ein Brief von der Schule. Darin steht genau, wann sie zur Anmeldung kommen sollen und was sie mitbringen müssen.

Conni weiß noch nicht, ob sie sich auf die Schule freut. Wie ist es da eigentlich?

Am Donnerstagmorgen packen Mama und Conni Jakob in den Kinderwagen und gehen zur Schule. Das große Schulgebäude ist gelb und hat ganz viele Fenster. Drinnen ist es hell und freundlich. Von der Eingangshalle gehen viele Flure ab. Gut, dass die gelben Fußspuren auf dem Boden Conni und Mama genau zeigen, wo sie langgehen müssen.

Eine Mutter mit Zwillingen ist vor ihnen dran. Die beiden Mädchen sehen völlig gleich aus. Conni überlegt, ob sie wohl in ihre Klasse kommen. Das wäre sicher lustig.

Mama füllt bei der Anmeldung einen Zettel mit vielen Fragen aus. Conni erzählt der Schulsekretärin, Frau Müller, dass sie unbedingt mit ihrer Freundin Julia in eine Klasse möchte.

Die nette Frau Müller schreibt das auf Connis Anmeldebogen. Plötzlich schrillt laut eine Klingel. Conni zuckt zusammen. „Das ist die Pausenklingel", erklärt Frau Müller.

Jetzt können alle Kinder auf dem Schulhof spielen.

Auf dem Rückweg stehen viele Türen offen. Neugierig sieht Conni in die Klassenzimmer hinein. Vorne hängt eine

dunkelgrüne oder weiße Tafel und meist ist noch eine an der Seite. In jeder Klasse gibt es ein Waschbecken. Hinten sind fast immer Regale mit Büchern, Ordnern und Spielen. Manchmal steht dort ein Sofa oder es gibt eine Ecke mit einem Teppich und Kissen. Die Tische stehen mal in Gruppen, mal in einem großen Kreis und einmal auch in Reihen hintereinander.

An den Wänden hängen Plakate und bunte Bilder. Selbst die Fenster sind meist mit Bildern geschmückt. In manchen Klassen gibt es Blumen auf der Fensterbank und in einer steht sogar ein Aquarium. Conni gefällt es in der Schule richtig gut. Plötzlich klingelt es wieder. Alle Kinder kommen vom Schulhof hereingestürmt. Conni drückt sich eng an Mama, damit sie nicht umgerannt wird.

Einige Zeit später muss Conni zur Schuluntersuchung. Eine freundliche Ärztin prüft, ob Conni gut sehen und hören kann. Außerdem wird sie gemessen und gewogen.

Dann soll sie auf einem Bein bis zu Mama hüpfen. Conni hüpft gleich weiter bis zur Tür, denn hüpfen kann sie sehr gut. Conni darf auch noch zeigen, dass sie auf Zehenspitzen und auf den Fersen gehen kann. Danach soll sie ein Haus und ein Kind malen.

Die Ärztin fragt, ob Conni denn gerne malt und bastelt. Sie will wissen, was Conni am liebsten spielt und ob sie Freunde hat. Zuletzt lässt sie sich von Conni einige Bilder, Farben und Formen erklären. Schließlich steht fest: Conni kommt in die Schule.

Jetzt möchte Conni alles über die Schule wissen. Immer wieder muss Mama davon erzählen. Auch Papa und Opa und die Omas müssen erzählen, wie es bei ihnen in der Schule war.

Irgendwann trudelt wieder ein Brief von der Schule ein – diesmal ist er von Connis neuer Lehrerin. Sie heißt Frau Sommer. Conni wird in die Klasse 1b gehen. Sie ruft sofort Julia an. Julia hat ebenfalls einen Brief bekommen. Sie ist auch in der 1b! Conni jubelt. Es hat geklappt, sie kommen in eine Klasse! Im Briefumschlag steckt auch eine Einladung zu einem Schnuppertag in der Schule. Da kann Conni ihre Lehrerin gleich kennenlernen. Conni ist schon sehr gespannt.

Am Mittwoch gehen Conni und Julia, Katja und Lars, Tobi, Son, Jolanda, Laura und Alena nach dem Frühstück vom Kindergarten zur Schule. Tobi ist froh, dass Hanne, ihre Erzieherin, mitkommt.

Frau Sommer erwartet die Kinder schon am Schultor. Die Zwillinge sind auch da und noch eine Reihe anderer Kinder. Frau Sommer ist jung und sieht nett aus.

Auf dem Weg zum Klassenraum zeigt sie den Kindern gleich, wo die Toiletten für die Jungs und für die Mädchen sind. Von der Treppe aus sieht Conni Dennis. Er war früher in ihrer Kindergartengruppe. Jetzt geht er schon in die zweite Klasse. „Hallo

Dennis!", ruft Conni laut. Sie findet es toll, dass sie schon jemanden in der Schule kennt.

Im Klassenraum setzen sich alle in einen Kreis. Frau Sommer wirft einen weichen, bunten Ball. Wer ihn fängt, sagt seinen Namen und was er gerne mag. Dann erzählt Frau Sommer eine Geschichte von einem Vogel, der zusammen mit seinen Freunden den Weg nach Süden sucht. Jedes Kind malt nun einen Pappvogel an und klebt sechs bunte Federn an die Flügel.

Zuletzt kleben sie alle Vögel zusammen auf ein großes Plakat.

„Die sind jetzt ein richtiger Schwarm. So, wie wir bald eine Klasse sind", sagt Frau Sommer. Sie verspricht, das Bild im Klassenraum aufzuhängen.

Zum Schluss zeigt Frau Sommer ihnen noch die Schule. Sie gucken in die Turnhalle und gehen in den Raum, wo es für die Schulkinder Mittagessen gibt. Frau Sommer erklärt ihnen, dass er „Mensa" heißt. Sie sehen sich auch die Aula an, in der die Einschulungsfeier sein wird. Toll, jetzt kann Conni ihren Eltern am Einschulungstag den Weg dorthin zeigen!

Zuletzt spielen alle noch ein bisschen auf dem Schulhof und probieren die Geräte aus, bevor es zurück in den Kindergarten geht. Conni mag besonders die Kletterwand und das Bodentrampolin. Sie freut sich jetzt schon auf die Schulpausen.

Für die Schule braucht Conni noch viele Sachen. Papa und Mama haben eine lange Liste bekommen. Am Samstag gehen sie mit Conni einkaufen: einen schönen Malkasten mit zwölf Farben, Pinsel, dicke Buntstifte, einen Schreiblernbleistift mit extra dicker Mine, ein Holzlineal, Hefte, Mappen, einen Malblock, eine Bastelschere, Kleber und noch vieles mehr. Zu Hause schreibt Conni auf alle Sachen ihren Namen, das kann sie schon ganz alleine.

Oma Frieda schenkt Conni einen Ranzen – einen mit ganz vielen Sternen drauf. Komisch, genau der hat Conni neulich in einem Laden besonders gut gefallen! An der Seite ist eine kleine Tasche für die Trinkflasche und vorne eine für die Brotdose. Außerdem hat er Streifen, die im Dunkeln leuchten.

„Damit dich im Winter die Autofahrer gut sehen", sagt Oma Frieda.

Drinnen steckt noch eine Überraschung: ein Turnbeutel, ein Etui mit Bleistiften, Buntstiften, Radiergummi und Anspitzer und eine kleine Umhängetasche mit dem gleichen tollen Sternmuster. Conni packt sofort alle Schulsachen ein. Voller Ungeduld wartet sie auf den ersten Schultag.

Endlich ist es soweit. Noch vor dem Frühstück klingelt es an der Tür. Oma Marianne und Opa Willi sind da. Sie wollen an Connis erstem Schultag unbedingt dabei sein. Oma Frieda kann leider nicht kommen. Sie ist krank.

Nach dem Frühstück bekommt Conni ihre Schultüte. Die ist ganz schön schwer. Conni würde am liebsten gleich nachsehen, was darin ist, aber sie muss noch warten. Papa fotografiert Conni mit Schultüte und Ranzen. Dann gehen alle los.

In der Schule ist die Aula schön geschmückt. Viele Stühle stehen vor einer Bühne. Es ist schon ziemlich voll, aber

neben Julia in der dritten Reihe sind noch Plätze frei. Dorthin zieht Conni ihre Familie. Der Schulleiter hält eine kurze Rede.

Die Schüler der 4. Klassen spielen ein lustiges Theaterstück von einem Löwen, der nicht lesen konnte. Danach singt der Schulchor „Hip hop – Schule ist topp!" und „Jetzt geht's los". Anschließend rufen die Lehrer und Lehrerinnen die Kinder ihrer Klassen auf. Gemeinsam gehen alle zu ihren Klassenräumen.

In Connis Klasse steht vorn an der Tafel: „Willkommen in der Klasse 1b". Mama liest es laut vor. Zusammen mit Julia setzt sich Conni an einen Tisch am Fenster. Sie legen die Schultüten auf den Tisch und stellen die Ranzen auf den Boden. Conni guckt sich im Klassenraum um.

Er sieht etwas anders aus als am Schnuppertag. Die Bilder an der Seite sind weg. Aber hinten an der Wand neben einem Regal mit leeren Fächern sieht Conni das bunte Vogelbild. Sie findet ihren Vogel gleich wieder.

Über der Tafel hängt eine Lok aus Pappe mit ganz vielen Anhängern voller Buchstaben. Die Tische der Kinder stehen im Kreis. Gegenüber von

Conni sitzen die Zwillinge. Conni weiß noch vom Schnuppertag, dass die eine Merve heißt. Aber wie heißt die andere? Und wer ist wer?

Frau Sommer schickt die Eltern hinaus auf den Schulhof. Zuerst zählt sie nun mit den Kindern die Vögel auf dem Poster. Es sind achtzehn. Dann darf Conni die Kinder im Klassenraum zählen. „Siebzehn", sagt sie. Nanu, fehlt da jemand? „Ach, ich habe mich selbst ja nicht mitgezählt", ruft Conni. Jedes Kind holt sein Namensschild vom Fensterbrett. Es bleibt keines übrig. Also sind alle da. Die Kinder malen den Vogel auf ihrem Namensschild bunt an. Wer fertig ist, darf seinen Namen an die Tafel schreiben, wenn er möchte. Dann teilt Frau Sommer den Stundenplan aus. Conni hat nun jeden Tag fünf Stunden Unterricht.

Immer wenn ein X auf dem Stundenplan steht, lernt sie rechnen, schreiben, lesen und noch viel mehr bei Frau Sommer. Am Mittwoch ist in den ersten beiden Stunden ein Ball aufgemalt. Das bedeutet, die Klasse hat Sport bei Herrn Frühauf. Und am Freitag ist ein Malkasten auf dem Stundenplan: Dann hat Conni Kunst bei Frau Nolde.

Eine Hausaufgabe gibt es heute auch schon. Die Kinder sollen ihre Schultüten malen.

Zum Abschluss gehen alle auf den Schulhof. Hier macht ein Lehrer ein Foto von der ganzen Klasse. Wer möchte, kann sich auch noch einmal allein fotografieren lassen. Und natürlich knipsen auch die Eltern und Großeltern ganz viele Bilder. Sie sind fast genauso aufgeregt wie die Kinder.

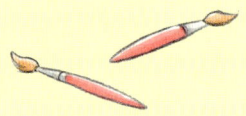

Schon ist die Schule für heute aus. Es hat wirklich Spaß gemacht. Conni freut sich auf Montag, wenn die Schule richtig losgeht und sie lesen, schreiben und rechnen lernen wird.

Zu Hause darf Conni endlich die Schultüte auspacken. Was da alles drin ist!

Schade, dass es so eine Schultüte nur am ersten Schultag gibt.

Ronaldo auf Reisen

Eine Geschichte von Julia Breitenöder
Mit Bildern von Annika Sauerborn

Vor Regenwurm Ronaldo wartet ungeduldig hinter einem kleinen Pult aus Erde. Wann kommt endlich sein Lehrer, Herr Rose? Ronaldo ist aufgeregt, weil heute sein Lieblingsfach „Leben und Gefahren über der Erde" auf dem Stundenplan steht.

Seinen ersten Ausflug an die Erdoberfläche kann er kaum erwarten. Aber bis dahin müssen er und die anderen Schüler der ersten Regenwurmklasse noch viel lernen, zum Beispiel, gerade und gebogene Gänge zu graben und verschiedene Arten Erde zu unterscheiden.

Endlich ist Herr Rose im Klassenzimmer angekommen und beginnt seinen Unterricht: „Heute sprechen wir über Vögel." Die Regenwurmkinder hören gespannt zu. Vor allem Ronaldo.

Vögel! Wie das schon klingt! Fremd und abenteuerlich!

Lehrer Rose erzählt, dass Vögel zwei Beine, Krallen und Flügel haben. Sie tragen ein Federkleid, zwitschern und können fliegen.

Ronaldo lauscht gebannt. Flügel – zum Fliegen! Bunte Federn! Er kann es kaum glauben und murmelt: „Ach, wenn ich das doch selber sehen könnte ..."

Sein Sitznachbar Rolf guckt ihn ratlos an. „Was willst du sehen? Und wo?"

„Vögel!", ruft Ronaldo. „Und alles andere da oben!"

„Du hast aber schon gehört, dass Vögel Regenwürmer fressen?", fragt Rolf. „Die sind total gefährlich!"

Ronaldo nickt. Dass diese Schwebewesen ihn zum Fressen gern haben, findet er ziemlich gruselig. Trotzdem will er unbedingt einen Vogel sehen.

„Nach der Schule grab ich mich nach oben", verkündet er.

„Du bist ja völlig verknotet." Rolf tippt sich mit der Schwanzspitze an die Stirn. „Das ist verboten!"

„Egal. Ich gehe trotzdem!", sagt Ronaldo.

Gleich nach der Schule macht er sich auf den Weg. Er kriecht durch den Hauptgang und biegt dann in einen Aufwärtstunnel ab. Das Hochkriechen ist ganz schön anstrengend. Aber am Ende des Ganges, ganz weit oben, kann er etwas Helles sehen, es schimmert blau. Ist das der Himmel?

Er kriecht und kriecht, und auf einmal ist die Erde weg!

Ronaldo weiß gar nicht, wohin er zuerst schauen soll. Das Helle blendet seine Augen, etwas Kühles streicht um seinen Kopf, überall sind bunte Farben und es riecht ganz anders als unter der Erde.

Einige Dinge kennt er aus dem Unterricht. Grünes Gras und einen Baum mit brauner Rinde und grünen Blättern. Dann die wunderschönen Blumen.

Aber wo sind die Vögel? Ronaldo reckt den Kopf. Der Himmel ist tatsächlich blau mit ein paar weißen Flecken und **uuuunendlich** weit. Dort! Da fliegt etwas in der Luft! So schnell er kann, kriecht Ronaldo näher, über das grüne Gras, das seinen Bauch kitzelt. Das ist eindeutig ein Vogel, er schlägt mit seinen bunt schillernden Flügeln und flattert zwischen den Pflanzen herum.

Der Vogel fliegt einen Kreis, eine Schleife – dann stürzt er in Richtung Boden, genau auf Ronaldo zu. Der kleine Regenwurm erschrickt fürchterlich, denn jetzt fällt ihm wieder ein, dass Vögel ja Regenwürmer fressen! Bestimmt hat der Vogel Hunger nach der ganzen Fliegerei!

„Nichts wie weg!", ruft Ronaldo und bohrt den Kopf in den Boden. „Autsch!" Da war ein dicker Stein. Und daneben ist die Erde ganz hart! Ronaldo kriecht aufgeregt herum und keucht: „Weiche Erde! Ich brauche weiche Erde!"

Aber überall ist der Untergrund hart. Immer wieder stößt er sich den Kopf an und hat zudem plötzlich einen Knoten im Schwanz.

„Verflixt!", schimpft Ronaldo. „Warum war ich nur so neugierig? Jetzt erwischt mich der Vogel!"

Wer kichert denn da? Langsam dreht Ronaldo sich um. Da stehen vier Tiere, ein rundes rotes Ding mit schwarzen Punkten, ein kurzer Regenwurm mit Füßchen, ein grüner Kerl mit geknickten Beinen – und der Vogel!

„Nein! Friss mich nicht!", heult Ronaldo und verheddert sich noch mehr.

Die Tiere sehen sich an und lachen los.

„Fressen? Sehen wir aus, als würden uns Würmer schmecken? Pfui Spinne!", ruft der Vogel.

„Tu nicht so! Ich weiß genau, dass Vögel Regenwürmer fressen!", brüllt Ronaldo und versucht, seinen Doppelknoten zu lösen.

„Stimmt. Aber ich bin kein Vogel", sagt der Vogel kichernd.
Ist das ein Trick? „Was bist du dann?", fragt Ronaldo.
„Ein Schmetterling!"

Das hat Ronaldo ja noch nie gehört! Aber als er sich den Schmetterlings-Vogel in Ruhe anguckt, fällt ihm auf, dass er keine Federn hat.

„Du bist wirklich kein Vogel?", versichert er sich.

Der Schmetterling schüttelt den Kopf und stellt Ronaldo seine Freunde vor: „Das sind Max Marienkäfer, Gudrun Grashüpfer und Rosa Raupe. Aber was machst du eigentlich hier? Regenwürmer leben doch unter der Erde."

Da erzählt Ronaldo von der Schulstunde, den Vögeln und seinem heimlichen Ausflug.

Seine neuen Freunde lauschen gespannt. Und dann zeigen sie Ronaldo lauter Tiere und Pflanzen, die er noch nicht kennt.

Als er sich später von ihnen verabschiedet, hat er zwar immer noch keinen Vogel gesehen, dafür weiß er alles über Raupen und Schmetterlinge, Marienkäfer, Grashüpfer, Ameisen, Spinnen und vieles mehr. Lehrer Rose, Rolf und die anderen Regenwürmer werden staunen!

Pippa schleimt rum

Eine Geschichte von Charlotte Habersack
Mit Bildern von Melanie Garanin

Am nächsten Tag in der Schule macht Emil es spannend.

„Von meinem Haustier gibt es viele verschiedene Sorten", sagt er und stellt eine prall gefüllte Plastiktüte in die Mitte des Sitzkreises. „Aber am liebsten sind mir die Tiger."

Das Mammut macht große Augen. Und noch größere, als Emil die Tüte öffnet und seine Schneckensammlung herzeigt.

„Neben den Tiger- und Weinbergschnecken gibt es auch Nacktschnecken", erklärt er. „Aber die hab ich zu Haus gelassen, weil es ihnen sicher sau-peinlich wäre, nackt in der Schule herumgezeigt zu werden."

Frau Tabak bekommt rote Flecken auf den Backen und ruft: „Eine Schnecke ist doch kein Haustier!" Emil zuckt zusammen vor Schreck.

„Und warum nicht?", fragt Pippa. „Eine Schnecke ist ein Tier und sie hat ein Haus. Also muss sie ein Haustier sein."

Doch das Mammut bleibt stur. „Haustiere sind Tiere, die vom Menschen gezüchtet wurden, weil sie für den Menschen nützlich sind."

„Und wozu bitte schön sind Hamster nützlich?", will Pippa wissen.

Frau Tabak überlegt kurz. „Das sind Haustiere, die zum Vergnügen gezüchtet wurden."

„Und Schnecken machen besonders großes Ver-gnügen!", beteuert Pippa. „Man kann sie sammeln und Schneckenrennen veranstalten und manche essen sie sogar."

Emil nickt. „Man bereitet sie mit Knoblauch und Kräutern zu", erklärt er. „In Frankreich sind sie eine Delikatesse. Das hab ich im Internet gelesen." Frau Tabak fällt nichts mehr ein. Sie winkt ab und lässt Emil sein Referat zu Ende halten.

Den Rest liest Emil von seinem Blatt ab. Er ist froh, dass Pippa ihm beim Schreiben geholfen hat. Alleine hätte er das nie so gut hingekriegt.

„Schnecken sind große Schleimer", liest er vor. „Sie schleimen sich überall ein. Deshalb sind sie so unbeliebt. Manche sagen, Gloria sei so lahm wie eine Schnecke. Dabei sind Schnecken gar nicht so lahm. Unseren Basilikum jedenfalls fressen sie schneller, als meine Mama gucken kann. Oft sit-zen sie aber auch nur herum und man weiß nicht, ob sie gerade schlafen oder nachdenken oder schon tot sind."

„Bravo!" Pippa klatscht begeistert in die Hände. Emil verbeugt sich. Jetzt applaudieren alle.

Das Mammut ist froh, dass das Referat endlich zu Ende ist. So froh, dass sie die Kinder schnell in die Pause schickt. Eine Viertelstunde zu früh. Deshalb, findet Pippa, ist sie selbst schuld an dem Schnecken-Schlamassel ...

Olivia sieht es als Erste.

Weil sie immer vor allen anderen aus der Pause kommt. Sobald es gongt, kehrt sie ins Klassen-zimmer zurück und schreibt die Hausaufgaben von der Tafel ab.

Aber diesmal kann sie nicht sehen, was sie auf-haben, weil eine dicke Weinbergschnecke auf der Tafel sitzt und alles wegschleimt. Und nicht nur auf der Tafel, im ganzen Klassenzimmer sind Schnecken verteilt. Am Fenster kleben zwei Tiger-schnecken, auf Glorias Geodreieck hockt eine gelbe Schnecke und über Frau Tabaks Atlas kriecht ein besonders hübsches Exemplar und sieht sich Grönland genauer an.

„Keiner verlässt den Raum", droht die Lehrerin wie eine Kommissarin im Krimi, „bevor wir nicht die letzte Schnecke gefunden haben. Und wenn es bis zu den Sommerferien dauert."

„Boah, wie fies, Alter!", mault Anton. „Was, wenn wir verhungern?"

„Wir können ja die Schnecken essen", schlägt Emil vor. „Hat jemand Knoblauch dabei?"

„Iiiiih!", schreit Lucy und rümpft die Nase. „Das ist ja so was von eklig!"

„Wieso?", fragt Pippa. „Knoblauch ist gesund." „Aber ich kann nicht so lange", wendet Olivia ein. „Ich hab heut Klavier. Und wenn ich unentschuldigt fehle, krieg ich Ärger."

„Keine Panik!", ruft Pippa und deutet auf die silbernen Spuren, die von der Plastiktüte stern-förmig in alle Richtungen führen.

„Zum Glück bin ich ein großartiger Schnecktektiv. Wir müssen nur den Schleimspuren folgen, dann finden wir alle – garantiert!"

Und wirklich. Pippa hat Recht. Jede Silberspur führt zu einer Schnecke. Sie sitzen unter dem Waschbecken, auf dem Papierkorb, dem Globus, den Federmäppchen, dem Gummibaum und den Malkästen. Die Kinder sammeln alle ein. Nach einer Stunde fehlen nur noch 13.

„Die können wir auf keinen Fall hierlassen", sagt Frau Tabak.

„Genau!", stimmt Lucy ihr zu, die ein bisschen abergläubisch ist. „13 ist nämlich eine Unglückszahl."

Also suchen sie weiter. Sie entdecken Schnecken auf dem großen

Lineal, auf der Uhr über der Tür und den Büchern in der Leseecke. Nach einer weiteren Stunde fehlen nur noch drei, und als es zum Schulende gongt, nur noch Heidelinde. Mit einer Lupe folgt Pippa der letzten Schleim-spur, die direkt in Frau Tabaks Tasche führt und weiter zu ihrem lila Brillenetui. Aber Heidelinde ist nirgends zu finden.

Erst als Frau Tabak die Brille aufsetzt, entdeckt sie die kleine Schnecke. Nicht weil sie jetzt besser sieht, sondern weil Heidelinde direkt vor ihrem rechten Auge klebt.

Das Mammut kreischt. So nah sieht Heidelinde wie ein riesiges Monster aus.

Fix und fertig lässt sich die Lehrerin auf ihren Stuhl plumpsen. Schnell zieht Pippa die kleine Schnecke vom Brillenglas und schiebt sie in ihre Hosentasche.

„Bis morgen!", rufen die Kinder und hüpfen aus dem Klassenzimmer.

„Morgen ... bin ich dran!", freut sich Gloria, die unter dem Tisch ihre Hefte zusammenkramt. Dann läuft sie den anderen hinterher.

„Ja", sagt Frau Tabak, aber es hört sich nicht so an, als ob sie sich mit Gloria freut.

Wie es weitergeht, erfahrt ihr in den Büchern der Reihe „Pippa Pepperkorn" von Charlotte Habersack.

Hanna schafft das

**Eine Geschichte von Rüdiger Paulsen
Mit Bildern von Frauke Weldin**

Hanna wohnt auf einem Bauernhof außerhalb des Dorfs. Ihr Schulweg ist ganz schön weit. Beeil dich, damit du nicht zu spät kommst!", sagt Mama. „Ich schaff das", lacht Hanna und packt schnell das Pausenbrot ein.

Am Hoftor steht Borste, der Wachhund. „Kannst du mich ein bisschen kraulen?", fragt er Hanna. „Keine Zeit", ruft Hanna. „Ich muss zur Schule." „Nur ganz kurz", bettelt Borste. „Okay", sagt Hanna und krault ihn am Hals.

Am Teich hört Hanna aufgeregtes Geschnatter. „Hilf mir", jammert die Ente Paulina. „Mir ist ein Ei aus dem Nest gefallen."

„Ich hab wenig Zeit", sagt Hanna. „Die Schule fängt gleich an." Schnell sucht sie das Ei und legt es zurück ins Nest.

Auf der Wiese steht Luise, die Kuh. „Hanna", ruft sie, „komm mal her und hör dir mein neues Gedicht an." Hanna schaut auf ihre Uhr. „Na gut", sagt sie. „Aber mach schnell, ich will nicht zu spät zur Schule kommen." Luise holt tief Luft und legt los:

> Wächst auf der Wiese
> grünes Gras,
> macht der Kuh
> das Fressen Spaß.

Toll", sagt Hanna. „Jetzt muss ich aber weiter."

Unter der kleinen Brücke am Bach wäscht Frau Waschbär ihre Wäsche. „Soll ich dein Kleid mitwaschen?", fragt sie. „Nein, das ist ganz sauber", sagt Hanna. „Außerdem muss ich mich beeilen, sonst fängt die Schule ohne mich an."

Bei den Schrebergärten knabbern Herr und Frau Hase gerade an frischen Möhren, als Hanna vorbeisaust. „Wohin so eilig?", fragen sie.

Ich muss pünktlich in der Schule sein", ruft Hanna. „Das schaffst du", sagt Frau Hase und schenkt Hanna eine Möhre für die Pause.

Die Kirchturmuhr schlägt Viertel vor 8. „Jetzt aber dalli", krächzt Heribert Rabe von einem Zaunpfahl, „sonst kommst du zu spät zur Schule."

„Ich schaff das", sagt Hanna. „Ganz bestimmt!"

Zum Glück hat Hanna heute ihre Turnschuhe an. Damit kann sie besonders schnell laufen. Sie hüpft über Pfützen und springt über Steine.

Hanna, Hanna!", ruft plötzlich eine piepsige Stimme. Willi Mäuserich steht am Wegesrand und winkt aufgeregt. „Wie gut, dass du gerade vorbeikommst! Bitte versteck mich! Kater Murks ist hinter mir her." Schnell stopft Hanna Willi in ihre Tasche. Willi atmet erleichtert auf.

„Hey, du da, Hanna! Irgendwelche Mäuse gesehen?" Kater Murks schaut grimmig um die Ecke.

„Ja", sagt Hanna. „Aber ich sag dir nicht, wo." – „Egal", knurrt Murks, „ich erwische sie auch ohne dich." Hanna rennt weiter. Jetzt kann sie die Schule schon sehen.

Oje, die Schuluhr zeigt 3 Minuten vor 8. Das könnte knapp werden. „Ich kann dir helfen", sagt Heribert Rabe. Schnell fliegt er hinauf zur Uhr und stemmt sich gegen den großen Zeiger. „Beeil dich!", ruft er. „Lange kann ich das nicht halten." – „Okay", keucht Hanna. Da fällt ihr Willi ein. Sie reißt die Tasche auf und lässt den Mäuserich hinaus. Dann beginnt der Endspurt …

Als Hanna in die Klasse stürmt, sind alle Kinder längst da. „Hallo, Hanna!", sagt die Lehrerin. „Wir haben schon auf dich gewartet."

Da schlägt die Schuluhr achtmal und gleich darauf schrillt die Klingel zum Unterrichtsbeginn.

Geschafft!", lacht Hanna.

Antonia und Ole kommen in die Schule

Eine Geschichte von Lucy Scharenberg
Mit Bildern von Marina Krämer

Ole ist schon ziemlich groß. Im Kindergarten ist er sogar einer der Größten und natürlich auch der Allerschlauste. Das Dumme ist nur, dass er eigentlich kein Kindergartenkind mehr ist. Ole ist ein Schulkind – morgen kommt er in die erste Klasse.

„Ist das nicht riesenhaft toll?" Antonia kann es kaum noch erwarten, dass die Schule endlich losgeht. Antonia ist Oles Freundin, die beiden werden in dieselbe Klasse

gehen. „Was? Schule soll toll sein? Du weißt wohl nicht, wie unsere Lehrerin heißt?", sagt Ole.

„Natürlich weiß ich, wie unsere Lehrerin heißt." Antonia guckt besonders schlau. „Sie heißt Frau Rüttel, hat Mama gesagt."

„Genau!", ruft Ole. „Sie heißt Rüttel." Er springt auf und schaut Antonia aus großen Augen bedrohlich an. „Wahrscheinlich rüttelt sie die Kinder. Vielleicht wird sie uns sogar verkehrt herum an Bäumen aufhängen und schüttelt dann, bis wir herunterplumpsen", überlegt er laut. „Bestimmt ist sie gefährlich."

Ole denkt zurück an den Schulschnuppertag. Dort gab es nur Tische und Stühle und noch nicht einmal eine Bauecke. Er schüttelt aufgeregt den Kopf. „Nein, da geh ich nicht hin! Schule – ohne mich!"

„Alles Quatsch!", sagt Antonia. Sie packt Ole am Arm und zieht ihn mit sich. „Wir müssen sofort etwas unternehmen – komm, wir gehen zur Schule!"

Ole fallen Millionen Gründe ein, warum Schule keine gute Idee ist: „Meine Jacke ist zu dünn für den langen Schulweg. Ich kann doch meinen Papa nicht allein zu Hause lassen. Ich will sowieso Rennfahrer werden, und die müssen Auto fahren können, aber nicht lesen. Und zum Rechnen hab ich doch Mama."

„Aber in der Schule lernt man prima Dinge, zum Beispiel Schreiben", sagt Antonia. „Und wir lernen, wie viel Geld wir für zehn Kugeln Eis brauchen, und die Telefonnummer vom Krankenwagen, falls wir nach den zehn Kugeln Bauchschmerzen haben." – „Aber der Schulweg könnte gefährlich sein!", meint Ole und schaut dabei schon auf die Schule und ein riesengroßes Klettergerüst, das auf dem Schulhof steht. „Ich bin als Erster oben", ruft er Antonia zu und rennt los.

Ole sitzt ganz oben auf dem Klettergerüst und schaut sich um. Auf dem Schulhof gibt es Bäume und viele Sträucher, dazwischen sind Pfade getrampelt, die zu Verstecken führen, und es ist reichlich Platz zum Spielen. „Gar nicht so schlecht", sagt er zu Antonia. „Hier kann man super Fußball spielen." – „Oder Fangen!", antwortet sie.

Plötzlich hören sie Geräusche. Ole und Antonia werden neugierig. Zögernd gehen sie auf die Schule zu – die Tür ist offen. „Oh, prima!" Antonia stupst ihn hinein. Ole wird es mulmig zu Mute.

Sie entdecken Kinder, die gerade klirrend klimpernde Musik machen. Das klingt richtig fröhlich. Andere spielen Theater oder singen zur Musik. „Wer seid ihr denn?", brummt plötzlich eine tiefe Stimme

hinter ihnen. Ole und Antonia zucken vor Schreck zusammen. „W-w-wir wollten uns nur mal umsehen", stottert Ole. Sein Kopf wird rot wie eine Tomate.

„Wir kommen nämlich morgen in die erste Klasse von Frau Rüttel", flüstert Antonia verlegen. Der Mann sieht sehr freundlich aus. „Ich bin Herr Hammer, der Hausmeister", sagt er. „Ihr dürft die Theaterprobe gar nicht sehen, die ist nämlich für eure Einschulungsfeier." Ole und Antonia kribbelt es im Bauch. Eine Einschulungsfeier – wie aufregend!

„Kommt mit, ich bin gerade auf dem Weg in meine Werkstatt", sagt der Hausmeister. Neugierig folgen ihm die beiden. In der Hausmeisterwerkstatt steht alles Mögliche kreuz und quer in Regalen und Schränken: Werkzeuge, Rohre, Kabel und Farbeimer. In großen und kleinen Kisten liegen Lappen, Schrauben und Nägel und sogar Mützen, Schals, Portemonnaies und Sporttaschen.

Herr Hammer zeigt Ole und Antonia noch andere Räume: das Sekretariat, dort gibt es Pflaster, wenn man mal verwundet ist; die Toiletten

und die Küche. „Mmh, hier werden in der Weihnachtszeit Plätzchen gebacken", schwärmt Herr Hammer.

Die Turnhalle ist riesig. Fast so groß wie ein richtiges Fußballfeld, schätzt Ole. An einer der langen Wände gibt es gleich vier Sprossenwände auf einmal, und ein großer Gitterkorb übervoll mit Bällen steht dort auch. Von der Decke hängen schwere Kletterseile herab, die wie Vorhänge an den Wänden befestigt sind.

„Machst du uns ein Kletterseil los?", bittet Antonia. Herr Hammer lacht und winkt ab. „Nein, da müsst ihr schon noch bis zum Sportunterricht warten", sagt er. „Aber ich zeige euch etwas anderes …"

Die drei machen sich weiter auf den Weg durch die Schule. Plötzlich bleibt der Hausmeister vor einer der vielen Türen stehen. „Hier", sagt Herr Hammer wichtig, „ist ab morgen euer Klassenzimmer." Ole und Antonia halten gespannt den Atem an. „Wollen wir mal nachsehen, ob eure Lehrerin Frau Rüttel da ist?", fragt Herr Hammer.

„Oh ja!" Antonia nickt eifrig. Ole wird es heiß und kalt zugleich. Am liebsten würde er weglaufen. Doch in diesem Moment geht die Klassenzimmertür schon auf. „Oje, jetzt ist alles zu spät", denkt er. Da sitzt sie: Frau Rüttel. Sie lächelt. Ole staunt. „Na, hereinspaziert", ruft sie fröhlich. „Ich bereite gerade den Unterricht für meine neue Klasse vor."

„Hier ist das Fundbüro der Schule für Dinge, die vergessen wurden", erklärt Herr Hammer. „In meiner Schule geht nämlich nichts verloren", sagt er stolz.

Ole und Antonia gehen ins Klassenzimmer. „Wir gehören auch zur Klasse. Morgen kommen wir in die Schule", sagt Antonia.

„Das freut mich!" Frau Rüttel strahlt. „Wie heißt ihr zwei denn?"

„Antonia", ruft Antonia. „Ole", murmelt Ole.

„Wisst ihr denn schon, was man in der Schule so alles macht?", fragt Frau Rüttel. „Schreiben lernen", weiß Antonia sofort. Ole hat einen Kloß im Hals. „Aber wir können noch keine Buchstaben", sagt er schüchtern. „Papperlapapp", sagt Frau Rüttel. „Natürlich könnt ihr Buchstaben. Pass gut auf! Ich zeige dir ein Spiel." Frau Rüttel zieht aus der Schreibtischschublade einen Würfelbecher mit Würfeln, auf denen keine Punkte sind, sondern Buchstaben.

„Würfle mal", sagt sie zu Ole. Er schüttelt den Becher und lässt die Buchstabenwürfel über das Pult purzeln. „Und nun suche alle Würfel raus mit Buchstaben, die in deinem Namen sind", erklärt sie. Ole sucht. „O-L-E."

„Toll!" Frau Rüttel ist begeistert. „Ich wusste doch gleich, dass du schon Buchstaben kennst." Ole ist stolz wie ein König, er strahlt überglücklich.

„Na, es wird aber allerhöchste Zeit, dass ihr eingeschult werdet!", lacht Frau Rüttel. „Aber für heute ist hier erst einmal Schluss, sonst verrate ich noch alle Überraschungen für morgen!"

Am Abend ist Ole so aufgeregt, dass er gar nicht einschlafen kann. Denn Ole ist sich jetzt ganz sicher, dass er schon ziemlich schlau ist. Und es wird wirklich allerhöchste Zeit, dass morgen die Schule losgeht. Das Dumme ist nur, dass er noch ein wenig schlafen sollte, bevor ...

... er endlich in die erste Klasse kommt.

Maxe in der Klemme

Eine Geschichte von Sabrina J. Kirschner
Mit Bildern von Monika Parciak

So behutsam er konnte, schloss Maxe die Tür hinter sich. Noch immer hörte er die Schreie, Rufe und das leise Zischen der Flasche.

Er warf einen schnellen Blick nach links und nach rechts. Der karge graue Schulflur vor seinem Klassenzimmer lag verlassen im Halbdunkel. Bis auf die Verbotsschilder war er absolut leer. Kein Tisch, kein Stuhl, keine Vitrinen mit Pokalen, keine Pflanzen, keine Bilder an den Wänden. Und nirgends ein anderes Kind – denn niemand durfte ohne Sondergenehmigung nach draußen.

Grinsend lief Maxe los. Wie krass war das bitte? Er, Maximilian Zack, allein in der Schnittlich-Schule unterwegs – in geheimer Mission! Und kein Mensch weit und breit, der ihn aufhalten würde!

Maxe machte ein paar Hopsschritte – und sprang in letzter Sekunde zur Seite. „Upsi!" Fast wäre er in eines der „Nicht rennen!"-Schilder geschlittert. Die winzigen Flurfenster befanden sich hoch oben und ließen

nur wenig Licht zwischen den Stahlgittern hindurch. Kein Wunder, dass man da mal was übersah!

Maxe bog um die erste Ecke und schlug den Weg zur Eingangshalle ein. Er kam an einer der unzähligen Treppen vorbei. Diese spezielle führte zu Herrn Schnittlichs Büro im ersten Stock. Das wusste Maxe genau, denn den Weg hatte er schon oft gehen müssen.

Als Nächstes näherte er sich einem Flurkreuz. Hier befanden sich die Klassenräume der ersten und zweiten Klassen. Gerade erreichte er die Abzweigung, als er am anderen Ende des Korridors plötzlich eine Person im Agentenmantel bemerkte. Der Kragen war weit hochgeschlagen, der Hut ragte dem Mann tief ins Gesicht.

Blitzartig zog sich Maxe hinter die Ecke zurück und keuchte. Das durfte nicht wahr sein! War da etwa schon wieder dieser Rumpus?

Maxe spähte um die Ecke. Der Kerl starrte doch tatsächlich die Wand an!

Mit ausgestrecktem Arm fuhr er suchend am Putz hoch und runter, dann klopfte er mit der Faust dagegen.

„Total abgefahren", murmelte Maxe. Was zum Geier machte der da? War hier vielleicht dieses geheime Klassenzimmer? Aber eigentlich konnte das ja nicht sein, Maxe kannte diese Ecke der Schule wie seine Westentasche: Der Flur führte um ein paar Ecken zur Eingangshalle mit Traufes Büro, dann kam die Treppe zur Sporthalle im Untergeschoss und der Gang zur Schulkantine.

Aus seinem Mantel zog der Agent etwas hervor. Maxe reckte den Kopf weiter nach vorn. Das durfte er nicht verpassen! Ein langes Kabel, zwei Ohrstöpsel ... Ein Stethoskop! War das nicht dazu da, Kindern beim Arztbesuch einen Kälteschock zu verpassen? Was hatte der Inspektor damit vor?

Maxe beobachtete, wie der Mann das runde Endstück gegen die Wand hielt.

Gerade als Maxe sich sicher war, dass die ganze Geschichte nicht mehr verrückter werden konnte, tauchte am Ende des Flures auf einmal ein weiterer Kerl im Mantel auf. In einem absolut identischen Mantel.

Maxe stutzte. Noch ein Agent? „Das darf doch nicht ..."

Weiter kam Maxe nicht, denn schon lief ein dritter Agent herbei, dann ein vierter und fünfter.

Die Gruppe verharrte noch eine kleine Weile vor der Wand, dann setzten sie sich alle wieder in Bewegung und entfernten sich in Richtung Eingangshalle. Maxe überlegte nicht lange und nahm die Verfolgung auf. Er musste unbedingt wissen, was die Typen vorhatten!

In sicherem Abstand schlich er hinterher. Wie nicht anders zu erwarten, liefen die verhüllten Gestalten schnurstracks zum Haupteingang. Weitere Abzweigungen gab es schließlich nicht. Die nächste Treppe befand sich in der Eingangshalle ...

... wo die Agenten plötzlich in unterschiedliche Richtungen abbogen. Maxe blinzelte verwirrt – und nun?

„Mist! Wem soll ich denn jetzt folgen?", flüsterte er leise vor sich hin.

Unentschlossen blieb er stehen. Er beobachtete, wie ein Agent die Treppe hinaufging, der nächste geradeaus Richtung Kantine lief, einer links abbog, wieder ein anderer sich den Flur zu seiner Rechten vornahm und der letzte auf der Treppe zum Untergeschoss verschwand.

Wollte der etwa in die Sporthalle? Maxe grübelte angestrengt. Da würde er eigentlich auch gerne hin – schließlich war dort noch immer das Loch. Aber würde er sich mit dem Mantelclown vor Ort überhaupt in Ruhe umsehen können?

Egal. So eine Gelegenheit bekam er bestimmt nicht noch einmal. Geduckt durchquerte er die Eingangshalle und folgte dem Agenten in Richtung Untergeschoss.

Kaum hatte er die ersten Stufen genommen, wurde es düster. Fenster gab es im Untergeschoss überhaupt keine. Im schummrigen Licht der Deckenlampen warf Maxe einen langen Schatten auf den Flur.

Bis zum Eingang der Sporthalle waren es noch einige Meter. Die Umkleiden lagen rechts und links vom Gang.

Vom Kerl im Mantel fehlte jede Spur. Maxe sah sich um. Neben den Schwingtüren zur Sporthalle stand ein hoher Kasten, in dem sich ein Telefon für Notfälle sowie ein alter verbeulter Feuerlöscher befanden. Maxe pirschte hinüber zur Tür, stellte sich auf die Zehenspitzen und versuchte, durch zwei runde Fenster in die Halle hineinzuspähen. Mist! Warum war er nicht ein ganz kleines bisschen größer?

Maxe lehnte sich gegen die Tür und streckte sich. Da! Endlich konnte er was erkennen. Doch nicht der Agent war in der Sporthalle zugange, sondern ... Hausmeister Traufe!

„Mist!", entfuhr es Maxe diesmal laut. „Ausgerechnet der!"

Traufe und seine Bulldogge bewachten das Loch. Plötzlich gab die Tür vor Maxe nach. Quietschend schwang sie nach innen. Maxe sprang zurück.

„He, wer ist da?", rief Traufe aus der Turnhalle. Maxe blieb keine Zeit. Ohne zu überlegen, riss er die Tür zum

Notfallschrank auf, zerrte den Feuerlöscher heraus und klemmte sich an dessen Stelle in den Verschlag.

Keine Sekunde zu früh. Schon hörte Maxe Alfons' schlabberndes Hecheln und die eiligen Schritte des Hausmeisters.

„Aus dem machen wir Hackfleisch, Alfons!", knurrte der Hausmeister.

Maxes Herz raste. Mist! Mist! Und noch mal Mist! Der olle Köter! Er würde ihn erschnüffeln und mit einem Happs verschlingen!

Die Schwingtür flog auf. „Such, Alfons!", brüllte der Hausmeister. „Such den Lumpen!"

Maxe schloss die Augen. Das war's.

„He, du da, stehen bleiben, aber sofort!", rief Herr Traufe.

Verdutzt riss Maxe die Augen auf. Stehen bleiben?

Und im nächsten Moment begriff er: Na klar! Der Hausmeister war hinter dem Agenten her!

„Komm, Alfons, den schnappen wir uns!", krächzte Traufe und stampfte los. Alfons bellte, während seine Krallen gierig über den Plastikboden kratzten.

Traufe keuchte. „Da ist ja noch einer!", schrie er erbost und legte einen Zahn zu. Seine Schritte hallten von den Wänden wider. Hinter ihm schwangen die Türen der Sporthalle heftig auf und zu. Maxes Schrank bebte.

Erst als die Geräusche längst verhallt waren, öffnete Maxe die Schranktür einen winzigen Spalt.

Der Gang war leer.

Maxe sprang heraus und spähte durch die Hallentür. Bingo! Traufe und Alfons waren weg. Das Loch war unbewacht. Endlich Ruhe zum Rumspionieren! Maxe konnte sein Glück kaum fassen.

Aufgeregt schlüpfte er in die Halle.

„Abgefahren!" Das Loch an der hinteren Wand war größer, als er es in Erinnerung hatte. Herr Traufe hatte sich einen Klappstuhl direkt davorgestellt. Maxe schob ihn beiseite. Weg damit! Ein letzter Satz und – *platsch!* – schon stand er im Durchbruch.

Platsch? „Bäh, igitt!" Maxe sah nach unten! „Mist!" – Kaltes Wasser drang in seine Turnschuhe. Irgendetwas war hier ausgelaufen …

Egal! Was kümmerten ihn nasse Füße? Abgesehen davon war der Gestank wesentlich schlimmer und Maxe war wirklich abgehärtet, was komische Gerüche anging. Wenn Makkaroni einen Knochen gefressen hatte … puh!

Angestrengt blinzelte Maxe nach vorn.

Stockdunkle Finsternis starrte ihm entgegen. Irgendwo tropfte es.

Allmählich gewöhnten sich seine Augen an die Dunkelheit. Ein paar verrostete Rohre durchzogen den schmalen Gang. Und da, im Zwielicht, direkt neben ihm …

Maxe riss den Kopf herum. Um ein Haar wäre er rückwärts aus dem Loch gefallen.

„Das gibt's doch nicht!", keuchte er.

Im Hohlraum, eingeklemmt zwischen zwei dicken Rohren, stand ein eiserner Kasten. Maxe hätte ihn überall wiedererkannt. Schließlich hatte das Ding ihm schon einige Male die Haut gerettet. Ja, ganz unverkennbar: Es war der Aktenschrank!

Zum ersten Mal war er ihm auf der Klassenfahrt begegnet – und es schien so, als würden sich in den geheimnisvollen Schubladen immer genau die Gegenstände befinden, die man gerade richtig gut brauchen konnte. Vorausgesetzt, man bekam den Schrank auf!

Mit eingezogenem Bauch und gestreckten Schultern quetschte sich Maxe am Mauerwerk entlang bis vor den Kasten. Dabei streiften seine Knie eines der Fächer. Sofort erklang das vertraute Klingeln. Der Schrank erzitterte, summte kurz und Maxe hatte gerade noch Zeit, seine Beine in Sicherheit zu bringen, bevor das Fach mit vollem Karacho aufflog und gegen die Wand krachte. Etwas flatterte heraus. Hektisch angelte Maxe im Dunklen herum, damit es nicht im Wasser landete. Im letzten Moment bekam Maxe das Ding zu fassen – es war eine dünne graue Aktenmappe.

Enttäuscht blinzelte er.

Er hatte auf eine neue Superausrüstung gehofft, auf eine Nachtsichtbrille vielleicht – aber eine Akte? Hatte er sich geirrt? War der Kasten doch einfach nur ein ganz gewöhnlicher Schrank mit Schulakten?

Unsicher drückte er die Schublade wieder zu. Und sein Herz machte einen Hopser: Denn im Dunkeln leuchtete ihm, wie damals auf der Klassenfahrt, eine Aufschrift entgegen, die hellen Ziffern LBE001. Bingo!

Irgendwo grunzte und sabberte es. Aber Maxe bekam nichts mit. Er war darauf konzentriert, sich mit der Mappe im Hosenbund an den Rohren vorbeizudrücken und dabei seine Schuhe möglichst wenig zu durchnässen. Maxe keuchte und taumelte nach vorne. Endlich hatte er es geschafft. Erleichtert kletterte er wieder zurück.

Im nächsten Moment hörte er ein wildes Knurren und spürte wütende Klauen. Gierige Zähne packten seine Hose, versuchten, ihn zu Boden zu reißen. Maxe heulte auf.

Schlagartig wurde die Bestie zurückgerissen. Unter dem Durchbruch zur Turnhalle tauchte eine vertraute bucklige Gestalt auf. Ihre heisere Stimme krächzte ihm entgegen: „Zack, was glaubst du eigentlich, was du da tust?"

Maxes Herz rutschte ihm in die Hose. Das war's! Er war erledigt ...

Wie es weitergeht, erfahrt ihr in den Büchern der Reihe „Die unlangweiligste Schule der Welt" von Sabrina J. Kirschner.

Die geheimnisvolle Schultüte

Eine Geschichte von Marianne Schröder
Mit Bildern von Sabine Kraushaar

Es ist schon spät. Doch Merle ist noch gar nicht müde. Sie ist aufgeregt, denn morgen ist ihr großer Tag. „Ich komme in die Schule, Willy!", erklärt sie ihrem Hamster und nimmt ihn vorsichtig in die Hand. „Ich lerne Lesen, Schreiben und Rechnen. Aber das Beste ist – ich bekomme eine Schultüte!"

„Guck mal!", flüstert Merle Willy ins Ohr, während sie heimlich mit ihm ins Wohnzimmer schaut. „Da liegt sie! Knallrot mit weißen Punkten! Passend zu meinem Ranzen! Was da wohl alles drin ist?" Merles Mama hat die Schultüte fast fertig gebastelt, nur die Schleife zum Zubinden fehlt noch.

„Nun aber ins Bett mit dir!", ruft Merles Papa aus der Küche. „Sonst verschläfst du noch deinen

eigenen Schulanfang!" Das will Merle natürlich auf keinen Fall. Schnell huscht sie zurück in ihr Zimmer.

„Schade, dass du morgen nicht mitkommen kannst, Willy!", bedauert Merle. „Aber Hamster dürfen nicht mit in die Schule. Dafür erzähl ich dir später, wie es war." Merle gibt Willy noch ein Stückchen Möhre zum Knabbern. Dann setzt sie ihn zurück in den Käfig und schlüpft unter ihre Bettdecke.

Merles Papa kommt zum Gute-Nacht-Sagen. „Uaah!", gähnt Merle. Jetzt ist sie doch ganz schön müde. Aber einschlafen kann sie trotzdem nicht gleich. Irgendetwas hat Merle vergessen – bloß was?

Am nächsten Morgen geht es endlich los! Stolz trägt Merle ihre Schultüte. Aber etwas ist seltsam. Immer wieder wackelt die Tüte hin und her. Während der Rede des Direktors raschelt es sogar leise. „Komisch!", flüstert Merle. Doch da ertönt der Schulgong und die Kinder dürfen mit der Lehrerin Frau Sommer in ihr Klassenzimmer gehen.

Frau Sommer begrüßt noch einmal alle Kinder und zeigt, wo jeder sitzen soll. „So, jetzt wird es endlich Zeit für eure Schultüten!", sagt sie. „Ihr dürft alle einmal hineingucken!" Das muss Frau Sommer den Kindern nicht zweimal sagen. Merle zieht die Schleife auf und …

… blickt in zwei schwarze Knopfaugen! „Willy!!!", ruft Merle erstaunt. Merles Hamster sitzt mitten in ihrer Schultüte! Ganz verschlafen krabbelt er jetzt heraus. Da fällt es Merle ein: Sie hat gestern Abend vergessen, die Käfigtür zuzumachen! Irgendwie muss Willy in der Nacht dann in ihre Schultüte geklettert sein!

„Huch!", ruft Frau Sommer, als Willy es sich auf Merles Schulter gemütlich macht. „Da haben wir ja einen Mitschüler mehr!" Alle Kinder schauen neugierig zu den beiden. Die Schultüten sind erst einmal egal. Merle ist ein bisschen mulmig. Was soll sie jetzt nur mit Willy machen?

Zum Glück hat Frau Sommer eine Idee: Eilig bohrt sie Löcher in einen Karton – als Höhle für Willy. „Unsere Tierwoche kommt eigentlich erst noch!", schmunzelt Frau Sommer. „Dann darf jeder einmal sein Haustier mitbringen – solange es kein Elefant ist!" Alle kichern, und Merle ist froh, dass Frau Sommer so nett ist.

„Wir hatten einen blinden Passagier in unserer Klasse", begrüßt Frau Sommer Merles Eltern nach der ersten Schulstunde. „Ja", erklärt Merle aufgeregt, „Willy muss in der Nacht in meine Schultüte gekrabbelt sein!" „Na sowas", schmunzelt Mama. „Willy wollte wohl mindestens genauso gern in die Schule kommen wie du!"

Zuhause bastelt Merle für Willy gleich eine kleine Schultüte und hängt sie an die Käfigtür. „Schließlich hattest du heute auch deinen ersten Schultag!", lacht sie und streicht Willy übers Fell.

Gegenteil-Tag

Eine Geschichte von Julia Breitenöder
Mit Bildern von Annika Sauerborn

Gerade will Jan eine Papierkugel nach Noah werfen, als seine Lehrerin Frau Lauer die Klasse betritt. Sie stellt ihre Tasche neben dem Lehrertisch ab und begrüßt die Schüler: „Guten Abend, Kinder! Lasst die Mathebücher bitte im Ranzen."

Jan fällt seine Papierkugel aus der Hand. Was hat Frau Lauer da gerade gesagt? Er starrt sie verdutzt an. Auch sonst erwidert keiner den Gruß, stattdessen wird überall getuschelt und gekichert.

Frau Lauer scheint das nicht zu bemerken, sie sagt: „Seid doch bitte noch ein bisschen lauter."

Jetzt muss Jan lachen. Lauter sein? Meint Frau Lauer das ernst? Sie schaut aufmunternd in die Klasse. Na gut! Laut sein ist überhaupt kein Problem! Er dreht sich zu Noah um und fängt an, sich lauthals mit ihm über das Fußballspiel vom letzten Wochenende zu unterhalten.

Dann klatscht Frau Lauer in die Hände, das ist das Signal, dass alle Kinder leise sein sollen.

Noah flüstert: „Die ist heute aber komisch. Erst weiß sie nicht, welche Tageszeit gerade ist, und dann kann sie sich nicht entscheiden, ob es zu leise oder zu laut ist."

Jan zuckt mit den Schultern. Frau Lauer klappt die Tafel auf. Sie zeigt auf ein Wort, das dort in Kreideschrift steht, und sagt: „Schaut bitte weg!"

Hä? Wieso das denn jetzt? Gerade will Jan sich wieder Noah zuwenden, da liest er das Wort an der Tafel: **Gegenteil-Tag**. Was soll das denn bedeuten? Jan runzelt die Stirn. Sein Freund hat es verstanden und kichert. „Das ist ja eine tolle Idee! Äh, ich meine, eine total blöde Idee!" Er grinst Jan an. „Verstehst du? Wir sagen immer das Gegenteil von dem, was wir meinen." Frau Lauer nickt. „Du hast es leider nicht verstanden", sagt sie lächelnd. Jan klatscht sich mit der Hand an die Stirn. „Ach so! Na, das ist ja ganz einfach!"

„Falsch!", ruft Noah. „Es ist furchtbar schwer!"

„Ob das stimmt?", fragt Frau Lauer. Dann klopft sie noch mal in die Hände und ruft: „Lasst das Mathebuch bitte im Ranzen!"

Rasch legt Jan sein Buch auf den Tisch.

„Aber sie hat doch gesagt, es soll im Ranzen bleiben", murmelt David.

„Mann, heute ist Gegenteil-Tag!", raunzt Jan ihn an.

„Aha." David starrt weiter in seinen Ranzen.

„Wer hat denn seine Hausaufgaben heute **nicht** gemacht?", will

Frau Lauer wissen. Jan und Noah sehen sich an, dann strecken beide die Arme in die Höhe.

„Ich! Ich hab meine Hausaufgaben überhaupt nicht gemacht!", ruft Jan.

„Ich habe sie noch weniger gemacht!", versucht Noah ihn zu übertrumpfen.

„Ich hab sie gar nicht erledigt", sagt David.

„Dann komm du doch bitte nicht an die Tafel und rechne die erste Aufgabe nicht vor." Frau Lauer streckt David die Kreide hin, aber er bewegt sich nicht. Jan gibt ihm einen Stoß. „Los, du bist dran!"

„Aber wieso denn? Frau Lauer hat doch gesagt, ich soll nicht an die Tafel!", protestiert David.

Frau Lauer deutet noch einmal auf den **Gegenteil-Tag** an der Tafel und Jan flüstert: „Wenn du die Hausaufgaben nicht gemacht hast, musst du sagen, dass du sie gemacht hast. Verstehst du? Gegenteil-Tag!"

Zögernd nickt David und stottert: „Ich ... ich ... ich glaube, ich habe sie doch gemacht. Aus Versehen."

Jetzt darf Jan an die Tafel. Schnell schreibt er die erste Aufgabe an und dreht sich stolz zu Frau Lauer um.

„Das ist leider falsch", sagt sie.

„Wieso?", beschwert Jan sich – und dann fällt es ihm wieder ein: „Ach ja, klar. Falsch ist ja richtig."

Die nächste Aufgabe darf Noah rechnen. Dann setzen sich alle in den Stuhlkreis und Frau Lauer fragt: „Was möchtet ihr am Wochenende auf keinen Fall machen?"

Immer das Gegenteil zu sagen ist wirklich nicht so leicht!

Gaby fängt an: „Ich will auf gar keinen Fall zum Reiten gehen!"

„Ich gehe nicht schwimmen", sagt Noah.

„Ich werde meine Oma nicht besuchen", sagt Jan.

„Ich gehe ... nicht ... auf den Fußballplatz", erzählt David.

„Das habt ihr alle furchtbar gemacht", lobt Frau Lauer. Die Kinder lachen und in diesem Moment klingelt die Schulglocke. „Bleibt in der Pause drinnen", sagt Frau Lauer.

„Logisch! Aber nur ohne Fußball!", ruft David und rennt raus. „Gibt es einen, der auf keinen Fall kicken will?"

„Fußballspielen ist doof!" Jan springt neben David die Treppe runter.

So ein Gegenteil-Tag ist lustig! Mal schauen, was Mama später sagt, wenn er sie mit „Gute Nacht!" begrüßt und erklärt, dass das Mittagessen scheußlich schmeckt.

Kapitän Sternhagel und die Seehundschule

Eine Geschichte von Alfred Neuwld

„Wer zuerst im Wasser ist, hat gewonnen", ruft Kapitän Sternhagel. Das lässt sich sein Seehund Rudi natürlich nicht zweimal sagen und schon laufen die beiden um die Wette. Fast gleichzeitig springen sie in die Wellen. „Hurra", freut sich der Kapitän. „Oink oink", bellt auch Rudi vergnügt.

„Was für ein herrliches Badewetter", schnauft Kapitän Sternhagel. Der alte Seemann genießt die kühle Erfrischung. Auch sein Seehund ist quietschvergnügt. Plötzlich springt Rudi jaulend aus dem

Wasser. Der Kapitän entdeckt, was seinen Freund so erschreckt hat. „Keine Angst, mein Kleiner. Das ist nur eine Qualle. Die tut niemandem etwas", versucht er seinen Seehund zu beruhigen. Doch Rudi bleibt misstrauisch.

„Hmmm", brummt Kapitän Sternhagel. „Du hast bisher immer bei mir auf der ›Seestern‹ gelebt und weißt daher nur wenig über das Leben im Meer. Wahrscheinlich wäre es das Beste für dich eine Weile die Schulbank zu drücken. Nicht weit von hier entfernt gibt es eine Seehundschule auf einer Sandbank. Die könntest du doch besuchen", schlägt er seinem Freund vor. Rudi ist von dieser Idee überhaupt nicht begeistert.

Der kleine Heuler traut sich nicht auf die Sandbank. Dort sind so viele andere Seehunde und er kennt nicht einen von ihnen. Um ihn doch noch zu überreden, füllt der Kapitän eine Schultüte mit frischem Fisch. „Lecker, was? Die sind alle für dich, wenn du heute in die Schule gehst", verspricht Kapitän Sternhagel seinem Seehund. Da kann Rudi natürlich nicht widerstehen.

Satt und zufrieden paddelt der kleine Heuler zur Sandbank. Es ist überhaupt nicht schlimm. Die anderen Seehunde sind auch in seinem Alter und alle sehr nett. Schon bald hat Rudi viele neue Freunde und eine Menge Spaß. Als Lehrer haben sie ein altes, weises, weit gereistes Walross.

Es bringt den Schülern alles bei, was sie über das Leben im Meer wissen müssen.

Beim Tauchunterricht ist Rudi nicht so gut wie die anderen. Ihm fehlt einfach die Übung. Aber im Jonglieren macht ihm keiner was vor. Er bekommt eine Eins mit drei Seesternchen. „Oink oink oink!" Jeden Tag, wenn Rudi von der Schule nach Hause kommt, hat er dem Kapitän viel zu berichten.

Heute sollen die jungen Seehunde etwas über sich selbst erzählen. Rudi findet es sehr interessant, was seine Schulkameraden schon erlebt haben. Als er an die Reihe kommt und berichtet, dass er mit Kapitän Sternhagel auf einem Schiff lebt, machen alle große Augen.

Sie wollen unbedingt mehr darüber erfahren. „Wir machen einfach einen Klassenausflug dorthin", entscheidet das alte Walross. „Das ist bestimmt sehr lehrreich!"

„Ohne Rudi ist es an Bord doch ziemlich langweilig!" Kapitän Sternhagel freut sich schon darauf, dass sein Seehund aus der Schule zurückkommt. Mit seinem Fernglas hält er nach seinem Freund Ausschau. Als er ihn entdeckt, sieht er, dass Rudi nicht alleine kommt, sondern seine ganze Klasse mitbringt.

„Ohne Rudi ist es an Bord doch ziemlich langweilig!" Kapitän Sternhagel freut sich schon darauf, dass sein Seehund aus der Schule zurückkommt. Mit seinem Fernglas hält er nach seinem Freund Ausschau. Als er

ihn entdeckt, sieht er, dass Rudi nicht alleine kommt, sondern seine ganze Klasse mitbringt.

Überall gibt es etwas Interessantes zu entdecken. Stolz zeigt Rudi seinen Freunden, wie man Dinge auf der Nasenspitze balancieren kann. Seehunde lernen sehr schnell und schon bald tanzt alles, was auf der ›Seestern‹ nicht niet- und nagelfest ist, auf Seehundnasen herum. „Nun ist aber genug", sagt das Walross. „Es ist Zeit sich zu verabschieden!"

„Kommt gut nach Hause", sagt Kapitän Sternhagel und spendiert jedem Seehund noch einen Rollmops. Dann machen sich alle auf den Heimweg. Nur Rudi bleibt bei dem alten Seemann auf der ›Seestern‹ zurück. Er hat genug in der Schule gelernt. „Oink, oink, oink", ruft er seinen Freunden fröhlich hinterher. „Ich werde euch bald besuchen." Kapitän Sternhagel freut sich, dass Rudi jetzt wieder bei ihm ist. Der kleine Seehund taucht nun genauso gut wie jeder andere Seehund und mit der Qualle hat er sich auch angefreundet.

Max kommt in die Schule

Eine Geschichte von Christian Tielmann mit Bildern von Sabine Kraushaar

Max' Eltern haben einen Brief von der Stadt bekommen. „Nach den Sommerferien kommst du in die Schule, Max!", sagt Papa. „Super!" Max springt vor Freude fast vom Stuhl. Denn er will endlich lesen, schreiben und rechnen lernen. Seinen Namen kann er schon ganz gut schreiben.

„Du bist doch noch gar nicht schulreif!" Felix, der große Bruder von Max, schüttelt den Kopf. „In der Schule muss man nämlich stillsitzen."

„Oh doch!", ruft Max. „Ich kann super stillsitzen!"

Am Nachmittag kommt Pauline, die beste Freundin von Max, zu Besuch. Ihre Mutter hat auch so einen Brief von der Stadt bekommen. In dem steht, dass Pauline nach den Sommerferien auch in die Schule kommt! „Da müssen wir schon mal stillsitzen üben!", sagt Max. Er holt Zorro, sein Kaninchen, aus dem Stall. „Zorro ist unser Lehrer!", sagt Max. „Ich glaube, es ist besser, wenn wir die Lehrer sind und Zorro muss stillsitzen!", schlägt Pauline vor.

Das ist eine prima Idee, findet Max. Aber Zorro kann ganz und gar nicht stillsitzen. Er hoppelt einfach weg.

„Wahrscheinlich ist der noch nicht schulreif", überlegt Max.

Eine Woche später gehen Max und sein Vater zur Anmeldung in die Grundschule.

„Hallo Max." Frau Köhler, die Schulleiterin, schüttelt Max die Hand. Sie fragt ihn, ob er weiß, wo links und wo rechts ist. Klar, das weiß er.

„Und ich habe stillsitzen geübt!", sagt Max. „Mit Pauline und Zorro! Pauline kommt auch in die Schule."

„Wollt ihr zusammen in eine Klasse gehen?", fragt Frau Köhler.

„Unbedingt!", sagt Max.

Die Schulleiterin schreibt sich das auf und wühlt in ihren Papieren. „Aber ein Zorro ist bei uns nicht angemeldet."

Max lacht. „Zorro ist mein Kaninchen. Das ist noch nicht schulreif!"

Nach der Anmeldung wird Max von einem Arzt untersucht. Doktor Hahnemann macht mit Max einen Sehtest und einen Hörtest. „Du hast gute Ohren und wahre Adleraugen!", sagt Herr Hahnemann.

Dann zeigt er Max verschiedene Karten. Max muss sagen, wie die Gegenstände auf den Karten heißen.

Zum Schluss soll Max auf einem Bein hüpfen und auf einer Linie balancieren. „Wozu das denn? Ich dachte, in der Schule muss man stillsitzen!", sagt Max.

Doktor Hahnemann lacht. „Nur im Unterricht." Max hüpft und balanciert und der Arzt ist zufrieden: „Du bist schulreif."

In der nächsten Nacht kann Max nicht schlafen. Er hört seine Eltern im Wohnzimmer reden und schleicht sich rüber. Max guckt heimlich um die Ecke.

Seine Mama bastelt etwas aus einem großen Stück Pappe. Sie schneidet eine Sonne, Blumen und sogar ein Kaninchen aus Filz aus. Die Figuren klebt sie auf die Pappe. Papa bastelt auch. Er hat ganz viel schwarze Pappe. Wenn Max sich nicht verguckt hat, wird das ein Zylinder! Aber wozu braucht Papa den denn?

Einige Wochen später kommt wieder ein Brief. Diesmal direkt von der Grundschule. „Du kommst in die 1a", sagt Mama. „Und Pauline?", fragt Max. Seine Mama zuckt mit den Schultern. „Das steht hier nicht." Aber da klingelt schon das Telefon, und Pauline ist dran: „Max, Max! Ich komme in die 1a! Du auch?" – „Super! Ich auch!", ruft Max. Jetzt kann er es kaum erwarten, dass die Schule endlich losgeht. In dem Brief steht auch noch, dass Mama oder Papa zum ersten Elternabend in die Schule kommen sollen.

Beim Elternabend haben Max' Eltern eine lange Liste bekommen, auf der steht, was Max alles für die Schule braucht. Er bekommt viele neue Sachen: Buntstifte, Bleistifte und einen Radiergummi, ein Federmäppchen, einen Zeichenblock, Schulhefte, einen Wasserfarbkasten und Pinsel. Felix bekommt auch ein neues Federmäppchen, weil sein altes so zerfetzt ist.

„Und wo sollen die ganzen Sachen rein?", fragt Max.

„Die kannst du in eine alte Plastiktüte packen", schlägt Felix vor. Aber am Nachmittag bringt Opa ein Geschenk für Max: „Kannst du so was gebrauchen?"

„Na klar!", ruft Max. Der neue Schulranzen sieht prima aus!

Kurz vor dem Ende der Sommerferien üben Max, sein Vater und Pauline den Schulweg. Es ist nicht sehr weit, aber sie müssen eine Straße überqueren.

„Ihr geht bitte nur beim Zebrastreifen über die Straße!", sagt Papa sehr ernst. „Und denkt dran: Ihr müsst auch am Zebrastreifen nach den Autos gucken! Erst links, dann rechts, dann wieder links. Und wenn dann kein Auto kommt, könnt ihr über die Straße gehen!" Das wissen Max und Pauline schon längst. „Außerdem ist doch Felix dabei und der guckt immer nach Autos!", sagt Max.

„Ihr müsst es aber auch alleine können!", sagt Papa. Und da hat er irgendwie Recht, findet Max.

Plötzlich sind die Sommerferien vorbei und der große Tag ist da! Max ist ganz früh morgens aufgewacht. Heute wird er endlich ein Schulkind! Schon beim Frühstück hat seine Mutter verraten, was sie für Max gebastelt hat: eine riesengroße Schultüte! Max würde am liebsten gleich nachgucken, was drin ist, aber das gilt nicht. Die Schultüte darf er erst nach der Schule aufmachen. Opa und Oma wollen Max an seinem Einschulungstag begleiten. Felix hat sich schwarze Sachen angezogen. „Was ist denn mit dir los? Bist du heute etwa der Schiedsrichter?", fragt Opa. Aber Felix flüstert nur: „Schulgeheimnis!"

Die Erstklässler werden von ihren Klassenlehrern an der Schultür abgeholt. Die Lehrerin der Klasse 1a ist Frau Geisburg. „Eure Eltern warten draußen. Die können ja schon lesen und schreiben." Frau Geisburg schließt die Klassenzimmertür. „Ich habe für jeden ein Namensschild geschrieben. Guckt mal, ob ihr eure Plätze findet!" Max findet seinen Platz sofort. Neben ihm sitzt Pauline! Gegenüber sitzt ein Mädchen, das Salima heißt. Und ein Junge, den Max vom Spielplatz kennt: Nico. Frau Geisburg verteilt an alle Kinder den Stundenplan. Dann liest sie eine Geschichte vor. „Und wann lernen wir endlich selber lesen?", fragt Max ungeduldig. „Ab morgen", sagt Frau Geisburg. „Heute feiern wir nur noch!"

Die Aula ist geschmückt. Es gibt Kuchen und Kakao. Und die Dritt- und Viertklässler haben sogar ein Theaterstück für die Erstklässler vorbereitet. Das ist lustig, weil sich darin ein Lehrer im Schulhaus verläuft und schließlich im Schornstein landet. Da muss der Schornsteinfeger ihn retten. Und dieser Schornsteinfeger ist – Felix! Nach der Aufführung klatscht Max wie verrückt. Sein großer Bruder war ein super Schornsteinfeger! „Jetzt müssen wir aber nach Hause!", sagt Mama. „Morgen ist ja schon wieder Schule."

Zu Hause darf Max sie endlich aufmachen – die Schultüte! Da sind nicht nur jede Menge Süßigkeiten und ein Buch drin, sondern auch ein Flummi. „Danke, Mama. Danke, Papa. Danke, Felix", ruft Max. „Erster Schultag ist super!"

Karos erster Schultag

Eine Geschichte von Marianne Schröder
mit Bildern von Gerhard Schröder

Im kleinen Dorf am Meer spielen Karo und ihr Freund Eddi im Garten von Karos Großeltern. Vom Baumhaus aus bemerken sie, dass Karos Opa schon stundenlang an seinem alten Bus werkelt. „Wäre doch gelacht!", hören sie ihn grummeln. „Was macht Opa bloß?", überlegt Karo. „Komm, wir fragen ihn!"

„Sieht aus wie neu, findet ihr nicht?", meint Karos Opa stolz. „Ja, aber wozu die ganze Mühe?", will Karo wissen. „Na, morgen ist doch der große Tag!", ruft Opa. „Da muss alles picobello sein!" Karo lacht. „Opa, du bist ja aufgeregter als wir! Dabei kommen Eddi und ich in die Schule – und nicht du."

Als Karo abends im Bett liegt, stellt sie sich vor, wie das morgen alles wird:

Eddis Familie und ihre werden zusammen zur Einschulungsfeier ins Nachbardorf fahren. Damit alle in ein Auto passen, wollen Oma und Opa sie mit dem Bus abholen. „Das wird schön!", denkt Karo, bevor sie einschläft.

Am Morgen wird Karo von ungewohnten Geräuschen geweckt: „Wo ist bloß mein Schlips?", murmelt Papa und klappt die Schränke auf und zu. „Karo! Du musst aufstehen!", ruft Mama von unten. Ihre Stimme klingt ein bisschen schrill.

„Juhu, mein erster Schultag!" Karo ist sofort hellwach. Sie springt aus dem Bett und läuft in die Küche. „Wie soll ich das bloß alles schaffen?", seufzt Karos Mama. „Die Torte ist nicht angezogen, ich bin noch nicht dekoriert – äh, umgekehrt." Keine Frage, Mama ist auch aufgeregt.

Karo ist kaum mit dem Frühstück fertig, da steht Eddi mit seiner Familie vor der Tür. Hund Beckmann stürmt als Erster ins Haus und beschnüffelt alles. Schon hat er sich Karos Schultüte geschnappt. „Beckmann, die Tüte habe ich gerade erst bekommen!", ruft Karo. Zum Glück kann Eddi seinen Hund schnell wieder einfangen.

Karos Papa guckt auf die Uhr. „Wo bleiben Oma und Opa denn?", fragt er. „Stimmt, sie müssten längst hier sein!", wundert sich Karos Mama und greift zum Telefon. Doch niemand meldet sich. „Und wenn sie jetzt nicht kommen? Fällt dann unsere Einschulung aus?", fragt Karo ängstlich. Jetzt reden die Erwachsenen alle durcheinander: „Was machen wir, wenn Oma und Opa nicht auftauchen?"

„Und wenn etwas passiert ist …?" – „Wir haben ja kein Auto!" – „Und unseres ist in der Werkstatt!" – „Ein Taxi?" Plötzlich ruft Karo: „Seid doch mal ruhig! Hört ihr das auch?"

Pött, pött, pött, pött, tönt es leise aus der Ferne. Karo zeigt auf die Landstraße. Am Horizont ist ein Trecker zu erkennen. „Das ist doch …", murmelt Karos Papa, als der Trecker näher kommt. Tatsächlich – nun können alle Opa erkennen, der neben dem Fahrer auf dem Trecker sitzt und winkt. Auch Oma ist da: Sie sitzt in ihrem besten Kostüm auf dem Anhänger.

Opa wischt sich den Schweiß von der Stirn. „Der Bus wollte nicht anspringen!", keucht er. „Zum Glück kam Bauer Hugle gerade vorbei und hat uns mitgenommen. So, nun aber alle Mann an Bord, wir haben keine Zeit zu verlieren!"

Wenig später sitzen alle auf dem Anhänger. Bauer Hugle gibt ordentlich Gas, und so tuckern sie zum Nachbardorf, so schnell es eben geht. Als sie die Schule erreichen, verschwinden gerade die letzten Besucher im Gebäude. Puh! Gerade noch geschafft!

„Das war knapp!", sagt Opa und zwinkert Karo und Eddi zu. „Sonst hätte es bestimmt einen Eintrag ins Klassenbuch gegeben!"

Schoki bekommt ein Paket

Eine Geschichte von Margit Auer
Mit Bildern von Nina Dulleck

Am Montagabend ging Schoki mit zu Benni nach Hause. Er hatte seinem Opa am Morgen einen Zettel auf dem Küchentisch hinterlassen.

Schlafe heute bei Benni in der Lerchenfeldstraße 46.

„Und morgen schlaf ich auch bei dir. So lange, bis meine Mutter wieder da ist", murrte Schoki.

Henrietta war zunächst nicht sehr erfreut über den Besuch. „Reiche ich dir etwa nicht mehr?", fragte sie. Aber als die Schildkröte sah, wie viel Kummer Schoki mit sich herumschleppte, räumte sie großzügig ihren Stammplatz auf Bennis Sitzsack.

Bennis Eltern hatten nichts gegen den Besuch. Frau Schubert führte ein kurzes Telefonat mit Schokis Opa, damit war das für sie erledigt.

Den ganzen Abend saß Schoki vor dem Radio und hoffte darin die Ankündigung eines magischen Tieres zu hören. Aber da war nichts.

Bis dann am Dienstag nach der Schule doch etwas ganz und gar Außergewöhnliches geschah.

Schoki, Benni und Henrietta trödelten gerade nach Hause. Henrietta wollte unbedingt selbst zu Fuß gehen, um ein paar Gänseblümchen zu naschen. Zwischendurch hob Benni sie hoch und übte mit ihr lesen. „Was steht da?", fragte er und deutete auf die kleine Infotafel unter einem Straßenschild.

„Friedrich Schiller", buchstabierte Henrietta stolz. „Großer Dicker."

„Großer Dichter!", korrigierte Benni streng. Plötzlich knatterte ihnen ein lauter Motor entgegen. „Das ist Mr. Morrisons Omnibus!", rief Benni.

Tatsächlich! Pinkie, die Elster, saß auf dem Armaturenbrett und winkte fröhlich durch die Windschutzscheibe. Mr. Morrison sang hinter dem Steuer laut vor sich hin. Das Fenster war halb heruntergekurbelt, so dass die Melodie zu hören war. „Oh, dieses schöne alte Lied!", rief Henrietta. „Das habe ich aber lange nicht mehr gehört!" Sie trällerte begeistert mit. „Mein kleiner grüner Kaktus steht draußen am Balkon …"

Benni und Schoki liefen dem Bus aufgeregt entgegen. Benni formte seine Hände zu einem Trichter und brüllte: „Haben Sie Ashanti schon gefunden?"

Mr. Morrison schüttelte den Kopf und kurbelte das Fenster ein Stück weiter nach unten. „Hollari, hollari, hollarooo!", sang er im Vorbeifahren. Er drückte auf die Hupe. „Aus der Baaaahn!", rief er laut.

Der Omnibus rumpelte an ihnen vorbei.

Hinten hatte der Bus ein Gepäckfach mit Klappe. Die Klappe öffnete sich. Ein Paket purzelte heraus. Es überschlug sich drei Mal, dann blieb es mitten auf der Straße liegen.

Schoki rannte los und hob es auf. „An Samuel Trewes", las er vor.

Völlig außer Atem kam Henrietta angekrabbelt. „Hat Mr. Morrison was verloren?", japste sie.

„Ich glaube eher, er hat was abgeliefert", sagte Benni langsam.

Nun taumelte Schoki zurück zum Gehweg. Er konnte den Blick von dem Paket nicht abwenden, ganz fest hielt er es mit beiden Händen umklammert.

„Es ist von der magischen Zoohandlung", stammelte er.

Henrietta half ihm mit ihren kräftigen Kiefern dabei, das Klebeband aufzureißen.

Und das Paket war offen. Schoki stellte es auf den Boden und klappte den Deckel nach hinten. In dem Paket lagen Tausende kleine, weiße Styroporkugeln. In der Mitte lag ein Zettel.

„An Samuel Trewes", las er aufgeregt.

„Wissen wir bereits", kommentierte Henrietta, aber Benni hielt ihr die Hand vor den Mund. „Pssst!"

Schoki stotterte vor Aufregung, als er den Zettel vorlas.

Die magische Zoohandlung teilt mit: Das Auswahlverfahren läuft. Bald wirst du dein magisches Tier bekommen. Halte dich bereit.
Viele Grüße! Die magische Zoohandlung

„Yippiiiiie!" Schokis Jubelschrei war so laut, dass es sogar Ida und Miriam hörten, die zwei Straßen weiter bei offenem Fenster nebeneinander am Schreibtisch saßen und ihre Hausaufgabenhefte mit bunten Blümchen verzierten.

Am nächsten Morgen, es war Mittwoch, tönte eine Durchsage durch die Wintersteinschule. Oder war sie nur im Klassenzimmer von Miss Cornfield zu hören?

Jedenfalls knackste der Lautsprecher, jemand hüstelte. Direktor Siegmann war es nicht.

„Eine kurze Durchsage", krächzte es. „Aus terminlichen Gründen", der Mann räusperte sich, „also, aus terminlichen Gründen bitte ich Schoki, ähm, Samuel Trewes zum Parkplatz zu kommen. Sofort, wenn ich bitten darf, denn ich bin, wie schon erwähnt, in Eile."

Miss Cornfields Blick wanderte blitzschnell zu Miriam. Die sah möglichst unschuldig zu Schoki. Dabei wusste sie natürlich, dass niemand anders als Mr. Morrison auf Schoki wartete.

„Kann ich ...?", fragte Schoki mit hektischen roten Flecken auf den Wangen.

Miss Cornfield nickte kurz und Schoki hastete nach draußen.

„Alle bleiben auf ihren Plätzen", sagte Miss Cornfield scharf, als die Klasse zum Fenster stürmen wollte. „Ihr arbeitet weiter an euren Aufsätzen."

Ein Murren ging durch das Klassenzimmer und ein paar Kinder warfen Miriam ärgerliche Blicke zu.

Nur Miss Cornfield, die am Fenster stand, und die Glücklichen, die in der Fensterreihe saßen, sahen genau, was passierte.

Schoki war auf dem Weg zum Schulparkplatz. Dort wartete schon der Omnibus mit den tanzenden bunten Buchstaben.

Mr. Morrison stand neben der Seitentür und redete heftig auf jemanden ein, der anscheinend den Bus nicht verlassen wollte.

Ans Arbeiten war nicht mehr zu denken. Alle überlegten, welches Tier Schoki wohl bekommen würde.

Vielleicht ein Pony?, fragte sich ein Mädchen namens Leonie verträumt. Ein schüchternes Pony ...

„Hoffentlich kriegt er ein Stinktier", raunte Silas Jo zu. Jo und Juri prusteten los.

Schoki stand jetzt etwa fünf Meter von Mr. Morrison entfernt.

„Er traut sich nicht näher heran", berichtete Eddie, der am Fenster saß, seinem Banknachbarn Max.

„Das heißt, er kriegt was Gefährliches",

flüsterte Max, der Professor, zurück und beugte sich hinüber. „Einen Skorpion oder so. Nur gut, dass Schoki Turnschuhe anhat."

Mr. Morrison zerrte an der Leine. So fest, dass sein Schlapphut zu Boden fiel.

„Es ist ein Esel", japste Eddie aufgeregt. „Ein störrischer Esel."

„Oder eine Ziege!" Max beugte sich weiter hinüber. „Die sind auch ganz schön eigensinnig."

Eddie sagte gar nichts mehr. Er hielt die Luft an und platzte fast vor Neugier, als endlich das magische Tier aus dem Omnibus sprang.

Es war keine Ziege. Es war kein Esel und es war auch kein Skorpion. Es war ein kleines, ziemlich schüchternes Schweinchen, das jetzt erschrocken quiekte. Aus seinen Ohren quollen weiße Haarbüschel.

Mr. Morrison übergab die Leine an Schoki und wechselte ein paar Sätze mit ihm. Schoki nickte.

Bevor Mr. Morrison wieder in den Omnibus stieg, schaute er noch mal um sich. Er ging ein paar Schritte hin und her, dann schüttelte er den Kopf. Es sah aus, als ob er etwas suchte.

„Ist Ashanti immer noch weg?", flüsterte Eddie Max zu.

„Sieht ganz so aus", antwortete der.

Schoki blickte nach oben zum Klassenzimmer und winkte mit der linken Hand. Mit der rechten Hand hielt er ganz fest die Leine. Das Schweinchen tapste unbeholfen neben ihm her. Dann verschwanden sie durch die Eingangstür.

„Äh, Miriam, hol doch bitte rasch ein paar neue Tafelschwämme vom Hausmeister, ja?", sagte die Lehrerin, die ebenfalls aus dem Fenster geblickt hatte. „Auf, auf!"

Ganz klar, sie wollte Miriam aus dem Weg haben, damit die Klasse das neue magische Tier in Ruhe begrüßen konnte.

Miriam zögerte, aber Ida boxte sie unter der Bank in die Seite. Also stand Miriam widerwillig auf und verließ das Klassenzimmer.

Auf dem Gang schlug sie jedoch nicht den Weg zum Hausmeister ein, sondern ging geradewegs in Schokis Richtung. Sie konnte nicht anders.

Die Leine hatte Schoki bereits gelöst. Die kurze Strecke vom Parkplatz bis ins Klassenzimmer hatte ausgereicht, dass sein magisches Tier und er ein Herz und eine Seele wurden.

Sie kamen Miriam strahlend entgegen.

Schoki formte die Hand zu einer Trompete.

„Tä-tärä-tä-täa!", trompetete er fröhlich. „Das ist Peperoni, mein Pinselohrschwein."

Stolz sahen die beiden Miriam an.

Schoki ging in die Hocke und kraulte sein Schwein mit leuchtenden Augen hinter dem Pinselohr. „Er kommt aus dem Senegal und mag Schokolade ziemlich gern, genau wie ich!"

Dann kicherte Schoki, anscheinend hatte Peperoni gerade einen Witz gemacht.

Auch Miriam ging in die Hocke. Sie betrachtete die kecke Schnauze, das rotbraune Fell, die weißen Barthaare und den schlanken Bauch.

„Wahnsinn, ist der süß!", seufzte sie.

„Der süßeste Peperoni der Welt!", rief Schoki.

*Wie es weitergeht, erfahrt ihr
in den Büchern der Reihe
„Die Schule der magischen Tiere"
von Margit Auer.*

Drei Monster in der Schule

Eine Geschichte von Rüdiger Paulsen
Mit Bildern von Axel Nicolai

Bei Benni unterm Bett wohnen drei kleine Monster: Nörgel, Grapsch und Brülle. Jeden Tag monstern sie mit Benni herum. Sie grölen Monsterlieder, machen Unordnung und verspritzen Monsterglibber. Am Abend, wenn Benni müde wird, ruft er: „Kusch, kusch!", und die Monster verschwinden in ihrem Versteck. Sie gehorchen immer. Naja, fast immer.

„Morgen ist mein erster Schultag", sagt Benni eines Abends. „Schule? Was soll das denn sein?", nörgelt Nörgel. „Da lerne ich jede Menge und werde richtig schlau", antwortet Benni. „Wir kommen mit", rufen die Monster. Aber das erlaubt Benni nicht. „Kusch, kusch!", sagt er. „Jetzt wird geschlafen."

Der erste Schultag ist aufregend. Benni lernt viele neue Kinder kennen und seine Lehrerin, Frau Hasenklee. Doch gerade als sie ein Bild von ihrem Lieblingskuscheltier malen sollen, poltert es an der Tür.

„Herein!", ruft Frau Hasenklee. Die Tür geht auf und Benni erschrickt:

Da stehen Nörgel, Grapsch und Brülle! „Wir sind die Kuschelmonster von Benni", brüllt Brülle. „Wir wollen auch schlau werden!"

„So, so", sagt Frau Hasenklee. „Na dann kommt mal rein. Ihr könnt euch auf die Fensterbank hocken." Die drei kleinen Monster stürmen in den Klassenraum und springen auf die Fensterbank. Dabei machen sie viel Lärm und schneiden Grimassen.

„Jetzt Ruhe bitte!", sagt Frau Hasenklee. „Wir malen gerade ein Bild." Sie gibt den Monstern Papier und Stifte. Nörgel beißt in einen Buntstift und verzieht das Gesicht. „Schmeckt nicht", nörgelt er. Alle Kinder müssen lachen. Nur Benni verdreht die Augen.

Grapsch kritzelt schnell sein Blatt voll. „Fertig!", ruft er, zerknüllt es zu einem Ball und wirft es genau auf Bennis Tisch. Sofort machen es ihm die anderen beiden nach. „Moment mal!", sagt Frau Hasenklee und schaut streng. „So geht das nicht. Aufheben und in den Papierkorb bringen!"

„Malen ist einfach, das können wir schon", sagt Grapsch, schnappt sich seinen Papierball und hüpft in den Papierkorb. „Kommt her!", ruft er seinen Freunden zu. „Hier ist es viel gemütlicher als auf der ollen Fensterbank."

Drei wilde Monster kann der Papierkorb nicht aushalten und kippt um.

Benni wird rot wie eine Tomate. Auch Frau Hasenklee atmet erst einmal tief durch. „Also gut", sagt sie schließlich. „Was wollt ihr denn lernen?" – „Richtig fiese Monsterschimpfwörter", sagt Grapsch. „Genau!", rufen die anderen beiden. Frau Hasenklee überlegt. „Einverstanden", sagt sie und zwinkert Benni zu. „ Ich verrate euch das gemeinste Monsterschimpfwort, das ich kenne."

„Ja, ja, ja!", jubeln die Monster und springen aufgeregt umher. Frau Hasenklee beugt sich hinunter und flüstert: „Gurkenarm!" – „Gurkenarm! Gurkenarm!", brüllen die Monster. „Das ist ja monstermäßig fies!" Vor Freude verspritzen sie jede Menge Monsterglibber.

Da läutet die Schulglocke. Der Schultag ist zu Ende. „Kommt ihr morgen wieder?", fragen alle Kinder. „Nee", sagt Nörgel, „jetzt sind wir doch schon schlau!" Benni muss grinsen und Frau Hasenklee auch. „Na dann", sagt Benni: „Kusch, kusch, ab in meinen Ranzen!"

Vor der Schule warten Mama und Papa. „Wie war's?", fragen sie. „Monstermäßig gut", antwortet Benni, „und Frau Hasenklee ist echt nett!" Im Schulranzen kichern die Monster, aber das hört niemand.

Unser erster Schultag

Eine Geschichte von Simone Nettingsmeier
mit Bildern von Frauke und Patrick Wirbeleit

Emil hat kaum geschlafen. Vor Aufregung. Denn heute ist sein erster Schultag. Papa hat sich dafür extra einen Tag freigenommen. Auch Oma und Opa wollen kommen. Emil springt aus dem Bett und guckt aus dem Fenster. Ob Alina wohl schon aufgestanden ist? Alina ist seine beste Freundin. Sie kommt heute auch in die Schule.

Emil holt seinen neuen Ranzen hervor. Einen roten mit Rennautos darauf. Den Ranzen hat er mit Mama und Papa gekauft.

Schnell packt er seine Schulsachen in den Ranzen: eine Federmappe mit vielen Stiften, den Malkasten, die Wachsmalkreide und die Schreibhefte.

„Emil, das Frühstück ist fertig", ruft Mama aus der Küche. Sie hat ihm ein leckeres Tomatenbrot gemacht. Sein Lieblingsbrot. Emil bekommt aber keinen Bissen herunter.

Es klingelt an der Tür. Oma und Opa kommen. Sie haben ihm eine große Schultüte mitgebracht.

„Was ist denn da drin?", will Emil wissen.

„Nach der Schule darfst du sie auspacken", sagt Opa und lacht.

Emil zieht sich an. Die Sachen hat er gestern mit Mama ausgesucht. Er zieht seinen Lieblingspulli an. Und die gute Hose.

Papa schaut auf die Uhr. „Jetzt wird es aber wirklich Zeit", sagt er. Emil muss noch schnell zum Klo. Aber dann können sie losgehen.

Emil hat den Schulweg schon ein paar Mal mit Mama geübt. Stolz zeigt er Oma und Opa, wo sie langgehen müssen.

Vor der Schule macht Papa viele Fotos von Emil. Mal mit der Schultüte, mal mit Mama oder Opa und Oma. Bis Alina mit ihrer Familie kommt.

Emil fasst Alina an die Hand. „Hast du auch ein bisschen Angst?", fragt Alina. „Hmm", sagt Emil. Gemeinsam laufen sie in die Schule, wo schon viele andere Kinder und Eltern warten.

Die neuen Schulkinder werden mit ihren Familien in einen großen Saal

geführt. Dort begrüßt sie der Direktor. Dann singen alle ein Lied, bei dem sie klatschen und mit den Füßen trommeln. Emils Angst ist wie weggeblasen – er findet seinen ersten Schultag toll.

Jetzt kommen drei Lehrerinnen auf die Bühne. Nacheinander rufen sie die Namen der Kinder auf, die zu ihnen in die Klasse kommen. Emil und Alina sind in der Klasse von Frau Hellweg. Die sieht aber nett aus", flüstert Emil Alina zu. Das findet Alina auch. Sie gehen mit Frau Hellweg in ihr Klassenzimmer. Darin gibt es eine große Tafel und viele Tische. Alle Kinder dürfen sich einen Platz aussuchen. Emil setzt sich neben Alina.

Frau Hellweg erzählt eine schöne Geschichte. Dann gibt sie jedem Kind einen Stundenplan: Ab morgen hat Emils Klasse jeden Tag vier Stunden Unterricht.

Damit ist es für heute genug, denn die Eltern warten ja draußen. „Schade, dass der erste Schultag schon vorbei ist", sagt Emil zu Alina. „Ja", sagt Alina.

„Aber morgen ist dann einfach unser zweiter erster Schultag." Und dann rennen sie lachend zu ihren Familien.

Zu Hause guckt Emil mit Opa in die Schultüte. Ein knallrotes ferngesteuertes Auto ist darin. Es sieht fast so aus wie das auf seinem Ranzen.

Timo kann das schon allein

Eine Geschichte von Julia Breitenöder
Mit Bildern von Annika Sauerborn

Mama steht im Flur und sucht ihren Schlüssel. „Bist du sicher, dass du es alleine schaffst?", fragt sie Timo. „Ich würde dich gern noch einmal begleiten, aber diesen Termin kann ich einfach nicht verschieben."

Timo verdreht die Augen und schimpft: „Mama! Ich bin doch kein Baby! Natürlich kann ich ohne dich zur Schule laufen."

Mama guckt so besorgt, als wären die paar Meter bis zum Schultor schlimmer als eine Reise nach Australien.

„Alle anderen gehen schon seit Tagen allein!", ruft Timo.

Mama seufzt. „Du hast ja Recht, mein Großer. Bist du fertig?"

Gemeinsam gehen sie aus dem Haus und am Gartentor verabschieden sie sich. Mama drückt Timo fest an sich. „Pass bitte an den Straßen auf!", ermahnt sie ihn. „Sprich nicht mit Fremden! Und nicht trödeln ..."

Timo windet sich aus der Umarmung, murmelt Jaja und läuft los Richtung Schule.

Den Schulweg alleine zu laufen ist ein Klacks: Wie man Straßen überquert, weiß Timo schon lange, und den Weg hat er sich schon vor seinem ersten Schultag eingeprägt.

„Ich beweise es Mama", sagt Timo leise. Er trottet die Straße entlang. Vor der Bäckerei muss er über den Zebrastreifen gehen. Hmmm, hier riecht es aber gut nach frischem Brot! Timo bleibt stehen und schnuppert. Lecker!

Bäcker Bommel grüßt aus dem Fenster. „Hallo, Timo. Wo ist denn deine Mutter?"

„Ich geh heute allein zur Schule", sagt Timo stolz.

Bäcker Bommel nickt. „Du bist ja auch schon groß. Warte mal!"

Kurz darauf taucht er mit einem Brötchen in der Hand am Fenster auf. „Hier, für dich, eine kleine Stärkung vor der ersten Stunde. Aber pass auf, es ist noch warm, verbrenn dir nicht die Zunge."

„Oh, danke!" Timo nimmt das Brötchen und hüpft zum Zebrastreifen. Er guckt, die Straße ist frei, Timo geht auf die andere Seite und biegt bei der Apotheke rechts ab wie immer. Während er kaut, betrachtet er den Garten von Frau Lampe. Hier bleibt er mit Mama immer eine Weile stehen, um das Blumenmeer zu bestaunen. Heute möchte er auch gucken, wenigstens kurz. Oh, da an der Mauer krabbelt ein Marienkäfer! Timo streckt die Hand aus.

„Komm, ich setze dich auf eine Blume."

Aber dem Käfer scheint es auf der Hand zu gefallen, er läuft hin und her. Wie das kitzelt! Jetzt krabbelt er von der Hand auf den Arm, immer weiter rauf. Timo kichert. „Willst du etwa mit in die Schule, du Kitzelkäfer?"

„Guten Morgen, Timo!" Frau Lampe steht bei den Gemüsebeeten. „Sag bloß, du bist heute ganz allein unterwegs?"

Timo nickt und kichert wieder. Der Käfer ist am Hals angekommen, dort breitet er seine Flügel aus und brummt davon. Timo sieht ihm nach.

Frau Lampe fragt: „Möchtest du mal schauen, was für ein großer Regenwurm hier gerade aus der Erde gekommen ist?"

Timo stürmt ins Beet und betrachtet den dicken Regenwurm genau. Doch dann fällt ihm wieder ein, dass er ja auf dem Weg zur Schule ist. Timo verabschiedet sich. Er kann die Ampel an der Kreuzung vor der Schule schon sehen, gleich hat er es geschafft!

Plötzlich streift etwas Weiches sein Bein. Timo guckt erschrocken nach unten und lacht. „Ach, du bist das, Moppel!", sagt er zu dem kleinen braunen Hund. „Du hast mich erschreckt!"

„Hast du deinen Freund getroffen, Moppel?", fragt Frau Euler. Moppel legt den Kopf schief und wedelt mit dem Schwanz. Timo hockt sich hin und krault ihn hinter den Ohren.

„Ich glaube, du musst Timo jetzt gehen lassen, Moppel, sonst kommt er zu spät zur Schule."

Zu spät? Timo springt auf. Das kann nicht sein, er ist noch nie zu spät gekommen! Ohne sich von Moppel und Frau Euler zu verabschieden, rennt er los. Natürlich ist die Ampel jetzt rot. Timo muss warten. Wenn er mit Mama zur Schule gelaufen ist, waren immer viele andere Kinder unterwegs. Jetzt steht er ganz allein an der Kreuzung.

Endlich springt die Ampel um. Timo läuft über den leeren Schulhof und durch die Eingangstür. Er tappt die Treppe zu seiner Klasse hoch.

So still hat er das Schulhaus noch nie erlebt. Ganz vorsichtig klopft er an die Tür.

Frau Blaumann ruft: „Herein!"

Timo schleicht ins Klassenzimmer.

Seine Lehrerin sieht ihn überrascht an. „Du bist zu spät, Timo, weißt du das? Fast eine Viertelstunde!"

„Entschuldigung", murmelt Timo. Alle starren ihn an.

„Was war los?", fragt Frau Blaumann.

„Ich bin zum ersten Mal alleine gelaufen", sagt Timo. „Und irgendwie ... gab es unterwegs so viel zu sehen."

Frau Blaumann runzelt die Stirn. „So viel zu sehen?"

„Ja. Marienkäfer und Blumen und Hunde und ..."

Einige Kinder lachen, und auch Frau Blaumann grinst.

„Weißt du was? Als Hausaufgabe malst du heute ein Bild von deinen Abenteuern auf dem Schulweg. Und morgen kommst du wieder pünktlich."

Timo nickt. Puh, das war peinlich. Mit rotem Kopf huscht er auf seinen Platz. Morgen geht er wieder allein, und dann klappt das mit dem Pünktlichsein bestimmt besser.

Pippa und das Heimweh

Eine Geschichte von Charlotte Habersack
Mit Bildern von Melanie Garanin

Das Schullandheim ist in einem alten Bauernhof untergebracht. Alle Kinder sind glücklich. Bis auf ein Kind.

Gloria.

Olivia ist glücklich, weil es so viele Tiere gibt. Im Stall stehen Kühe, auf dem Fenstersims sitzt eine Katze, in einem Gehege scharren zehn Hühner und vor dem Haus liegt ein wuscheliger Bernhardiner, der Tschörtschill heißt.

Anton ist glücklich, weil es einen Traktor gibt. Lucy ist glücklich, weil sie tolle Fotos machen kann. Sie knipst ein Foto von Anton neben dem riesigen Traktorreifen. Sie macht ein Foto von Olivia, die Tschörtschill umarmt, und eins von Herrn und Frau Wölk.

„Willkommen auf Gut Pislwang!", begrüßt Frau Wölk die Kinder.

„Wir wünschen euch einen schönen Aufenthalt! Wie ihr seht, habe ich zurzeit ein Gipsbein. Also bitte ich euch, mir ein wenig unter die Arme zu greifen."

„Aber nur, wenn Sie ein Deo benutzen!", ruft Pippa. „Sonst ist es unhygienisch!"

„Pscht!" Frau Tabak zischt Pippa eine Warnung zu und setzt mit ihrem Blick ein paar Ausrufezeichen dahinter. Aber Frau Wölk lacht. Zusammen mit dem Wiener Würstchen verteilt sie die Zimmer. Pippa ist glücklich, weil sie mit den Mädchen ein Viererzimmer bekommt und es gleich neben dem Zimmer von Anton und Emil liegt.

Anton ist glücklich, weil es einen Traktor gibt. Lucy ist glücklich, weil sie tolle Fotos machen kann. Sie knipst ein Foto von Anton neben dem riesigen Traktorreifen. Sie macht ein Foto von Olivia, die Tschörtschill umarmt, und eins von Herrn und Frau Wölk.

„Willkommen auf Gut Pislwang!", begrüßt Frau Wölk die Kinder. „Wir wünschen euch einen schönen Aufenthalt! Wie ihr seht, habe ich zurzeit ein Gipsbein. Also bitte ich euch, mir ein wenig unter die Arme zu greifen."

„Aber nur, wenn Sie ein Deo benutzen!", ruft Pippa. „Sonst ist es unhygienisch!"

„Pscht!" Frau Tabak zischt Pippa eine Warnung zu und setzt mit ihrem Blick ein paar Ausrufezeichen dahinter. Aber Frau Wölk lacht. Zusammen

mit dem Wiener Würstchen verteilt sie die Zimmer. Pippa ist glücklich, weil sie mit den Mädchen ein Viererzimmer bekommt und es gleich neben dem Zimmer von Anton und Emil liegt.

Sie schleppen ihr Gepäck über die alte Holztreppe in den ersten Stock. Nur Emil muss nichts tragen. Er hat ein Gehirn wie ein Sieb und vergisst immer alles. Diesmal hat er seinen Rucksack auf dem Parkplatz vor der Schule vergessen.

„Daran ist nur das Mammut schuld!", schimpft er. „Weil sie wollte, dass ich die Cola wegpacke." Anton verspricht, ihm Klamotten zu leihen. Lucy borgt ihm ein Nachthemd mit Rosenmuster und Olivia bietet ihm ihre Zweitzahnbürste an. Doch Emil lehnt ab. „Eine Woche ohne Zähneputzen ist doch toll!", findet er und ist ebenfalls glücklich.

Nur Gloria macht ein Gesicht wie zehn Tage Regenwetter. Sie isst kaum etwas zum Abendbrot und redet wenig. Auch später im Zimmer sitzt sie traurig auf dem Boden, während die anderen ihre Betten beziehen.

„Zu Hause … schlafe ich immer … mit meinen Brüdern … im Zimmer", sagt sie.

„Na gut", sagt Pippa, „dann darfst du neben mir schlafen. Ich kann nämlich schnarchen wie zehn Brüder." Sie hechtet auf eins der Doppelbetten und schnarcht zum Beweis die Melodie von

„Hänschen klein".

Gloria muss ein bisschen kichern.

Aber Lucy mault: „Dann muss ich ja neben Olivia schlafen! Das geht nicht. Da steck ich mich an. Und ich will keine Warzen!"

„Dann musst du wohl auf dem Boden schlafen", sagt Olivia schnippisch.

„Oder du!", entgegnet Lucy.

„Nein, wir machen es so", mischt Pippa sich ein. Sie schiebt die zwei Betten zusammen und deutet auf die einzelnen Schlafplätze. „Erst Lucy, dann Gloria, dann ich und dann Olivia. So schläft Gloria neben mir und Lucy so weit weg von Olivia wie möglich. Aber morgen wechseln wir durch, damit jeder mal dran ist."

Die Mädchen sind einverstanden. Pippa sucht einen geeigneten Platz für Edison und ihr Süßigkeiten-Lager. Als sie fertig ist, sitzt Gloria immer noch niedergeschlagen auf dem Boden, heillos in ihr Laken verheddert.

„Zu Hause … macht meine Mama das", sagt sie und fängt bei dem Wort Mama an zu weinen. Pippa hilft ihr. Sie wickelt sich in das Bettlaken wie ein Rollmops und kullert damit einmal über die Matratze. Aber Gloria ist immer noch traurig. Nichts und niemand kann sie trösten.

„Keine Sorge." Sanft streichelt Pippa ihr über die karamellbraunen Locken. „Zur Not haben wir ja noch den Heimwehtrunk."

„Heim … weh … trunk?"

„Natch!" Pippa grinst. „Weißt du das denn nicht? Ich bin berühmt für meinen Heimwehtrunk. In Amerika hab ich den mal für einen Jungen gemixt, der nicht in den Kindergarten wollte. Leider hat er die ganze Flasche auf einmal getrunken. Seitdem ist er auf Weltreise. Ist das nicht verrückt?"

Gloria schnieft. Das ist verrückt! Pippa ist verrückt!

Suchend sieht Pippa sich um. Sie schnappt einen Zahnputzbecher vom Waschbecken und quetscht eine lange Zahnpastawurst hinein. Sie gibt Wasser dazu, eine Tüte Brausepulver und rührt mit einer Salzstange um.

„So", sagt sie zufrieden, „jetzt fehlen nur noch drei Tropfen Muttermilch."

„M-Muttermilch?", fragt Gloria. Lucy rümpft die Nase. „Iiih! Das ist ja wohl so was von eklig!" Und Olivia erkundigt sich: „Wo sollen wir bitte schön Muttermilch herbekommen?"

„Keine Sorge!" Pippa läuft bereits zur Tür. „Ich weiß schon wo."

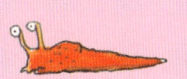

Wie es weitergeht, erfahrt ihr in den Büchern der Reihe „Pippa Pepperkorn" von Charlotte Habersack.

Einschulung mit Hindernis

Eine Geschichte von Marianne Schröder
Mit Bildern von Sabine Legien

Heute ist es endlich so weit: Oskar kommt in die Schule. Alle sind zur Abfahrt bereit, nur Papa hängt am Telefon fest.

„Jetzt komm aber!", drängelt Oskar. „Heute ist doch MEIN Tag! Bestimmt sind wir schon zu spät!"

Tatsächlich: Als die Familie durch das Schultor tritt, ist auf dem Schulhof niemand mehr zu sehen.

Eilig bindet Oskar seinen Hund am Geländer fest. „Schön brav sein, Tobi, hörst du? Ich muss ganz schnell zur Einschulungsfeier. Aber danach zeige ich dir den Schulbauernhof – versprochen!"

Leise öffnet Papa die Tür zum Festsaal. Es ist mucksmäuschenstill. Am Rednerpult steht Direktor Kogler. „Ähem...", räuspert er sich mit Blick auf die Zuspätkommer, „dann

können wir wohl beginnen." Zum Glück winkt Oskars Freund Jan aus der ersten Reihe. „Oskar! Hier ist noch Platz!" Oskars Eltern verdrücken sich lautlos in die letzten Reihe.

Feierlich wendet sich Herr Kogler nun an die Gäste: „Liebe Kinder, liebe Eltern und Freunde! Dies ist für uns alle ein ganz besonderer Tag. Heute sind wir ..."

„WUFF, WUFF!" Irritiert hält Herr Kogler inne.

„WUFF, WUFF!"

„Wir sind heute zusammengekommen, um ..."

„WUFF, WUFF, WUFF!", hallt es wieder dazwischen.

Oskar wendet sich suchend zu seinen Eltern um. „Oh nein!", seufzt Oskars Mama. „Das ist Tobi! Du musst ihn beruhigen!", flüstert sie Papa zu. Unter den strengen Blicken der anderen Gäste quetscht sich Oskars Papa durch die Sitzreihe nach draußen.

Gerade setzt der Direktor wieder zu seiner Rede an, da platzt Papa mit dem bellenden Tobi herein. Herr Kogler rollt mit den Augen – so eine Einschulung hat er noch nie erlebt! „Der Schulbauernhof!", ruft Papa aufgeregt.

„Das Gatter steht offen – die Tiere sind los!"

Herr Kogler guckt aus dem Fenster. Drei freundliche Schäfchen blicken ihn an. Kein Wunder, dass Tobi so gebellt hat! Einen Moment sitzen alle verdattert da, dann ruft Herr Kogler: „Die Tiere! Wir müssen sie sofort einfangen! Alle auf den Schulhof, bitte!"

Draußen rennen die Tiere erschrocken durcheinander. Die ganzen Menschen machen ihnen Angst. Aber Tobi ist in seinem Element: Wie ein richtiger Hütehund treibt er die Schafe zurück in ihren Auslauf. „Gut gemacht, Tobi!", lobt Oskar seinen Hund.

Die kleinen Kaninchen einzufangen ist schon schwieriger. „Ich hab eins!", ruft Oskar, doch da ist das scheue Tier ihm schon wieder vom Arm gehopst. „Du musst es sanfter anfassen, sonst erschrickt es", sagt Jan und nimmt das Kaninchen behutsam auf den Arm. Es zittert vor Aufregung. Nach und nach sind alle Tiere wieder in ihren Gehegen. Alle bis

auf Henne Bertha, die sich einen Platz im Baum gesucht hat. „Verrücktes Huhn!", schimpft der Hausmeister und stellt eine Leiter auf. Doch als er nach Bertha greift, hüpft das Huhn ihm direkt auf die Glatze. Alle kichern, als er schwankend mit Bertha die Leiter heruntersteigt. „Ich möchte nur mal wissen, wie das passieren konnte!", grummelt der Hausmeister. „Da muss doch jemand mit Absicht den Riegel geöffnet haben!" Kopfschüttelnd schließt er das Gatter.

„So, Kinder!", ergreift Herr Kogler wieder das Wort. „Für lange Reden ist nun keine Zeit mehr! Ihr nehmt jetzt eure Schultüten und geht mit eurer Lehrerin in die Klasse. Und Tobi darf heute ausnahmsweise mit!"

Die Piratenschule

Eine Geschichte von Ruth Rahlff
Mit Bildern von Cathy Ionescu

„Gute Nacht", sagt Mama. „Morgen wird ein aufregender Tag." Piet nickt und klettert in die Hängematte. Sein Papagei Ola hockt wie immer auf dem Fensterbrett. Der kleine Pirat schaut zu seinem Seesack mit den Schulsachen. Hefte und Bücher, Tintenfass und Gänsefeder ... das alles wird er morgen brauchen. Denn dann ist Piets erster Schultag!

Piet seufzt. „Ob mir die Schule gefallen wird, Ola?" Der Papagei gähnt. „Ganz bestimmt, Kleiner!" Da fällt Piet noch etwas ein: „Wo ist denn überhaupt die Schule auf unserer Pirateninsel?" Aber Ola schnarcht schon leise.

Kurz vor Sonnenaufgang ist der kleine Pirat hellwach. „Es ist viel zu früh", brummt Papa, als Piet vor der großen Hängematte steht. „Die Schule beginnt doch erst am Vormittag." Piet stöhnt leise. „Das ist ja noch ewig hin!" – „Spiel doch noch was", murmelt Mama schläfrig. „Na gut", meint Piet und läuft nach draußen.

Im Palmenwald hinterm Haus fällt Piet plötzlich etwas ein: „Ich wollte Mama und Papa doch noch fragen, wo die Schule ist!" Das hat er eben ganz vergessen.

„In der Schule lerne ich, wie die Sterne heißen", murmelt Piet. „Oben ist man den Sternen am nächsten. Vielleicht ist die Schule ein Baumhaus?" Aufmerksam schaut er nach oben. Aber ein Baumhaus kann er im ganzen Wald nicht entdecken.

„In der Schule lerne ich die Namen aller Fische", grübelt Piet weiter. „Bestimmt ist die Schule in der Felsenbucht!" Der kleine Pirat rennt zur Bucht und schaut hinter jeden Felsen. Kleine Fische tummeln sich im Wasser. Aber von einer Schule ist weit und breit nichts zu sehen.

„Irgendwo muss die Schule doch sein!", rauft sich Piet die Haare. Da kommt Ola angeflogen. „Wo warst du denn so lange?", krächzt der Papagei. „Komm mit! Sonst verpasst du noch alles!"

Eilig fliegt Ola voraus. Piet rennt hinterher. „Wohin wollen wir denn?", ruft er. Ola antwortet nicht. Immer schneller flattert der Papagei zwischen den Palmen hindurch.

Kurz darauf erreichen sie den Strand. Mama und Papa warten schon. Mama streckt Piet eine Schultüte entgegen. Papa trägt den Seesack. Piet blickt sich um: Der Strand ... ist leer!

„Aber hier ist doch gar nichts!", sagt Piet enttäuscht. „Von wegen", grinst Papa und zeigt aufs Meer.

„Ist das etwa meine Schule?", fragt Piet und reißt die Augen auf. Ein Schiff nähert sich dem Strand! Auf der Reling steht eine Piratin und winkt. Und zwischen den Segeln turnen überall Kinder. Mama lächelt. „Viel Spaß in der Piratenschule", sagt sie. „Nachher holen wir dich wieder hier ab."

Von nun an fährt Piet jeden Tag mit dem Schulschiff über das Meer. Er lernt eine Menge neuer Sachen: Seekarten lesen, Sternbilder erkennen, Schatzkarten zeichnen ... und bald kennt er nicht nur die kleinen Fische in der Felsenbucht, sondern auch die riesigen Fische weit draußen auf See.

„Na", fragt Ola, „wie gefällt dir die Piratenschule nun?" Piet überlegt nicht lange und ruft. „Sie ist die beste Schule der Welt!"

Schulweg mit Papa

Eine Geschichte von Anna Himmel
Mit Bildern von Sabine Rothmund

Es ist Sonntag. Juli, Papa und Mama sitzen beim Frühstück. „Heute zeige ich dir noch mal, wie du sicher zur Schule kommst", verkündet Papa und beißt zufrieden in sein Brötchen. „Damit morgen alles klappt!" – „Super Idee!", ruft Juli und springt sofort auf. Morgen darf sie ganz allein zur Schule gehen, das allererste Mal!

Als Papa in den Flur kommt, ist Juli schon startklar – MIT Schulranzen UND Leuchtweste. „Alles wie an einem richtigen Schultag",

erklärt sie. „Und die musst du aufsetzen. Damit uns unterwegs auch jeder sieht." Juli hält Papa ihre neongelbe Kappe hin. Papa zögert kurz, setzt die Kappe aber schließlich doch auf. „Sicherheit geht natürlich vor!"

Draußen auf dem Fußweg bleibt Papa zunächst stehen. „Also Juli", erklärt er, „die wichtigste Regel überhaupt: Geh immer den sichersten Weg zur Schule und lass dich von nichts und niemandem ablenken!" Juli hört aufmerksam zu und nickt kräftig.

Dann laufen sie los.

Juli geht ganz dicht an den Häusern entlang, nicht am Bordstein nahe der Straße. „Häuserseite ist Kinderseite", sagt ihre Klassenlehrerin immer. Plötzlich klingelt es wie wild. Ein Fahrradfahrer rauscht ganz knapp an Papa vorbei. „Schicke Mütze!", ruft der Junge. „Frechheit!", schimpft Papa.

Doch Juli zeigt auf ein Verkehrsschild. Hier ist Radfahren erlaubt. „Und du bist auf der Radfahrseite gelaufen", erklärt Juli. Papa schimpft nicht mehr, wird dafür aber ein bisschen rot.

Zum Glück ist es bis zur Schule nicht weit. Juli und Papa sind schon an der Ampelkreuzung. Hier müssen sie auf die andere Seite. Papa drückt auf den Ampelknopf. „Rot stehen – Grün gehen", erklärt er dabei fachmännisch.

„Und man muss immer gucken, ob die Autos auch wirklich anhalten", ergänzt Juli. „Auch wenn Grün ist!" – „Äh, genau", nickt Papa. Alle Autos halten an. Die Fußgängerampel wird grün. Jetzt dürfen sie gehen.

An der Bushaltestelle ist in der Woche meistens viel los. „Hier an der Haltestelle …", will Papa gerade ansetzen, als es aus Juli herausplatzt:

„… ist Drängeln und Schubsen verboten. Damit alle sicher ein- und aussteigen können, stimmt`s?" – „Mhm, stimmt!", nickt Papa und guckt ein bisschen mürrisch, weil Juli alles besser weiß.

Kurz danach müssen sie wieder über die Straße – dieses Mal ohne Ampel. Das hat Juli schon oft mit Mama geübt. Papa will gerade etwas sagen, als sie einfach seine Hand nimmt. Juli sucht eine breite Lücke, wo keine Autos parken. Dann schaut sie links – rechts – links, ob die Straße frei ist.

Auf geradem Weg zieht sie Papa über die Straße.

„So macht man das", sagt Juli zufrieden.

Papa sagt jetzt gar nichts mehr. Dafür läuft er so zügig, dass Juli kaum Schritt halten kann. „Warte!", schnauft sie. Aber Papa hat irgendwie genug vom Schulweg-Üben und will nur noch schnell ankommen.

Vor der Schule ist ein Fußgängerüberweg. Juli sieht schon die breiten, weißen Streifen auf der Straße.

Sie zeigen an, dass Autos hier anhalten sollen, wenn Fußgänger über die Straße wollen. Papa sieht den Überweg auch. Ohne auf die Straße zu achten, steuert er darauf zu. Da biegt plötzlich ein Auto in die Straße ein. „Halt!", ruft Juli. Sie packt Papa im letzten Moment am Jackenzipfel, als das Auto an ihnen vorbeirauscht. Der Fahrer hatte Papa nicht gesehen. Das war knapp.

Papa ist vor Schreck kreideweiß im Gesicht. „Danke, Juli!", sagt er. „Ich war wohl abgelenkt!" Juli nimmt Papa wieder bei der Hand. Als ein Auto angefahren kommt, streckt sie zunächst ihren Arm aus. Das Auto hält an und die Fahrerin nickt ihnen freundlich zu. „Jetzt können wir gehen", erklärt Juli.

Auf dem Rückweg ist Papas schlechte Laune wie weggeblasen. Da hat Juli eine Spitzenidee: „Nächsten Sonntag üben wir dann deinen Weg zur Arbeit, ja, Papa?"

Obos Abenteuer

Eine Geschichte von Julia Breitenöder
Mit Bildern von Annika Sauerborn

In vielen Klassenzimmern passiert mehr, als wir Menschen merken. Dort gibt es winzig kleine Wesen, die sich Schulinge nennen. Sie ernähren sich von Kreide und sind sehr schwer zu entdecken.

„Obo, schnell! Beeil dich!"

Mit einem letzten Stückchen Kreide in den Händen hüpft Obo vom Schwamm und huscht zum Loch in der Wand.

„Warum hetzt du uns heute denn so?", beschwert er sich und guckt Hondo, den bärtigen Ober-Schuling, vorwurfsvoll an. „Da bleibt einem ja das Abendessen im Hals stecken!" Hondo schüttelt den Kopf. „Obo, Obo, ich dachte, du kennst unsere oberste Regel …"

„Natürlich kenne ich die! Aber was hat sie damit zu tun?", meckert Obo. Gemeinsam gehen die beiden in den großen Saal.

„Wie heißt die oberste Schuling-Regel?", fragt Hondo und alle Schulinge antworten im Chor: „Niemals darf ein Mensch uns sehen."

„Du hast den Schuling-Kindergarten noch nicht lange verlassen und weißt es nicht besser, Obo. Aber heute", erklärt Hondo, „ist der erste Schultag nach den großen Ferien. Das heißt, in kurzer Zeit werden hier lauter Menschenkinder durch die Klassenzimmer rennen. Ein guter Schuling liegt dann brav im Bett und schläft, bis wieder Ruhe eingekehrt ist."

„Aha." Obo nickt. „Verstehe." Auf dem Weg zum Schlafsaal der Jung-Schulinge knabbert er an seinem Kreidestück und grübelt. In Wahrheit versteht er diese Regel ganz und gar nicht. Wieso dürfen die Kinder sie nicht sehen? Das kann doch nicht so schlimm sein. Lauter Menschenkinder – das klingt ziemlich interessant! Zu gern würde Obo heimlich vom Eingangsloch aus zusehen, wie die Kinder in ihren Klassenraum trampeln. Doch er hat keine Chance, Hondo wartet, bis alle Schulinge in ihren Betten liegen, löscht das Licht und schließt die Tür.

Obo seufzt und wälzt sich unter der Decke hin und her. Schließlich schläft er ein und träumt von Schulkindern.

Es ist stockdunkel, als Obo die Augen aufschlägt. Um ihn herum ist es ganz still. Alle anderen Schulinge schlafen noch. Soll er es jetzt wagen?

Vorsichtig steigt er aus dem Bett und schleicht zur Tür. Die knarzt ein bisschen, aber keiner wacht davon auf. Obo huscht schnell zum Eingangsloch. Schon auf dem Weg dorthin hört er den Lärm. Viele unglaublich laute Stimmen reden durcheinander, es klingt wie grollender Donner. Außerdem wackelt der Boden immer wieder. Obo stützt sich an der Wand ab und lugt aus dem Loch.

Die Menschenkinder sind riesig! Natürlich wusste Obo, dass Menschen groß sind – aber so gigantisch? Nie hätte Obo gedacht, dass jemand so groß sein kann! Sie sehen fast aus wie viel zu groß geratene Schulinge, nur dass ihnen die Spitzen an der Oberseite der Ohren, die Knollennasen und die großen Füße fehlen. Aber sie scheinen auch Kreide zu essen, denn eben trägt ein noch größerer Mensch ein riesiges Stück Kreide in den Raum und legt es vor der Tafel ab. Obo läuft das Wasser im Mund zusammen, sein Magen knurrt.

Langsam schiebt er sich durch das Loch und krabbelt unter den Tisch vor der Tafel. Diese großen Füße überall! Obo muss aufpassen, dass er nicht getroffen wird. Und jetzt hoch zur Kreide! Er klettert an der Wand nach oben. Hoffentlich sehen die Menschen ihn nicht!

Geschafft! Da liegt die Kreide! Das Stück ist zur Hälfte in Papier gewickelt und größer als Obo. Glücklich stürzt er sich darauf und beginnt zu nagen.

„Jannik, bitte schreib die nächste Aufgabe an die Tafel", dröhnt eine Stimme durch den Raum.

Obo mampft selig vor sich hin. Aber plötzlich bewegt sich das Kreidestück! Obo klammert sich fest. Große Finger quetschen ihn an die Kreide. Der Schuling zappelt und tritt um sich. Seine Nase berührt fast das Grün der Tafel, er bekommt kaum noch Luft! Kurz entschlossen dreht er den Kopf und beißt in einen der großen Finger.

„Aua!", brüllt der Fingerbesitzer und lässt die Kreide und Obo los. Dieser fällt und fällt – und landet zum Glück weich auf dem Tafelschwamm. Seine Beine zittern, er macht die Augen zu und bleibt einfach liegen. Was für ein Schreck!

Als Obo vorsichtig blinzelt, guckt er in ein riesiges Gesicht. Dann wird er von einer großen Hand hochgehoben und sanft umschlossen.

Er schreit: „He! Hilfe! Lass mich los!"

Obo wird kurz geschüttelt, dann öffnet sich die Hand wieder und riesige Augen schauen ihn an. „Was bist du denn für einer?", sagt der dazugehörige große Mund. Obwohl der Mensch wohl flüstert, klingt es für Obo unglaublich laut.

Er hält sich die Ohren zu und wimmert: „Tu mir nichts! Ich bin Obo, ein Schuling. Ich wollte doch nur sehen, wie Menschen zur Schule gehen. Und jetzt hab ich alles falsch gemacht!"

Doch der Junge hört nur ein leises Piepsen. Er führt die Hand mit Obo an sein großes Ohr, um den Schuling besser zu verstehen. Der wiederholt ängstlich, was er gerade gesagt hat.

Als der Junge antwortet, versucht er besonders leise und vorsichtig zu sprechen, so dass Obo die Hände wieder von den Ohren nimmt. „Ich heiße Jannik und gehe in die zweite Klasse", wispert er. „Was hast du denn falsch gemacht?"

Da erzählt Obo von der obersten Schuling-Regel und dass er sich heimlich in die Klasse geschlichen hat.

Janniks Augen blitzen. „Ich finde das total aufregend!"

Das findet Obo auch.

„Ich wusste gar nicht, dass es Schulinge gibt", flüstert Jannik. „Es ist besser, wenn dich außer mir niemand sieht. Aber du kannst gerne in

meinem Mäppchen sitzen und zuhören, wenn du magst. Dann können wir zusammen lernen."

Obo nickt begeistert. Jetzt muss er gleich zurück in den Schlafraum, damit keiner seinen heimlichen Ausflug bemerkt, aber morgen wird er ganz früh aufstehen und für seine erste Schulstunde in Janniks Mäppchen klettern. Ein großes Abenteuer wartet auf den kleinen Schuling!

Der erste Ausflug

Eine Geschichte von Simone Nettingsmeier
Mit Bildern von Barbara Korthues

Gleich ist Schulschluss. Pauline und Jan haben die ganze Stunde lang Rechnen geübt. „Weil morgen unser Ausflug ist, bekommt ihr keine Hausaufgaben auf", sagt ihre Lehrerin, Frau Maron. Die Klasse jubelt. „Moment", ruft Frau Maron. „Wir schreiben aber noch ins Hausaufgabenheft, was ihr zum Ausflug mitbringen sollt."

Als Pauline alles aufgeschrieben hat, klingelt die Schulglocke. Sie rennt nach Hause. „Ich brauche einen Rucksack und Gummistiefel, morgen ist doch unser Ausflug!", sprudelt es aus Pauline heraus. „Langsam", sagt Papa. „Erst mal brauchst du Spaghetti mit Tomatensoße." – „Keine Zeit", ruft Pauline und flitzt nach oben.

„Und wie soll ich jetzt das Essen warm halten?", fragt Papa.

Doch er bekommt keine Antwort. Pauline holt ihr Hausaufgabenheft heraus und sucht alles für ihren Ausflug zusammen.

Am nächsten Morgen klingelt Jan aufgeregt an Paulines Tür. „Komm, sonst fahren die anderen ohne uns ab."

Schnell schnappt sich Pauline den Rucksack, und die beiden laufen los. Als sie auf dem Platz vor der Schule ankommen, steht dort schon ein großer Reisebus. „Bitte als Zweierreihe aufstellen", ruft Frau Maron. Dann dürfen die Kinder einsteigen.

Wohin der Ausflug wohl geht? Frau Maron hat nichts verraten. Und so reden auf der Fahrt alle fröhlich durcheinander. Nach einer halben Stunde erreichen sie das Ziel: Mitten im Wald hält der Bus auf einem Parkplatz an. Dort sehen sie eine Holzhütte und eine riesengroße Wiese.

Vor der Hütte gibt es erst mal ein leckeres Picknick. Pauline findet, dass ihr Brot beim Ausflug viel besser schmeckt als in der Schule. Und Jan hat sogar Kuchen für alle mitgebracht. Nach dem Essen bekommt jedes Kind einen Becher, bei dem eine Lupe im Deckel eingebaut ist.

„Mit den Bechern gehen wir jetzt auf die Wiese und sammeln kleine

Tiere ein", erklärt Frau Maron. „Dann treffen wir uns hier wieder und gucken, was wir gefangen haben."

Die Kinder sind begeistert. Alle versuchen vorsichtig, Käfer oder andere Insekten zu fangen. Das ist gar nicht so einfach …

Pauline will einen bunten Schmetterling fangen. Aber der fliegt immer wieder weg. Jan hat schon einen Grashüpfer in seinem Becher.

Durch die Lupe kann man sogar die Augen gut sehen. „Oh, guck mal", ruft Pauline plötzlich zu ihm hinüber. Auf ihrem Arm krabbelt ein dicker Maikäfer.

Der erste Ausflug ist wunderschön: Den ganzen Tag verbringen die Kinder auf der Wiese. Nachdem die Kinder alle Insekten erkannt haben, spielen sie zusammen, bis der Bus sie wieder zur Schule fährt.

„Wenn jeder sein Tier freigelassen hat, dürft ihr die Lupenbecher behalten", sagt Frau Maron vor dem Einsteigen. Pauline legt ihren Becher ganz vorsichtig in den Rucksack.

„Uahhh, ich bin schon ganz müde", gähnt Pauline, als sie nach Hause kommt. Sie will sofort in ihr Zimmer gehen. „Wie war denn nun euer Ausflug?", fragt Papa verwundert. „Schöhön", sagt Pauline. Mehr erzählt sie nicht.

Als Papa später in ihr Zimmer kommt, schaut Pauline in ihren Lupenbecher.

„Guck mal, Papa, das ist Fridolin", sagt sie und zeigt auf den krabbelnden Maikäfer. „Den habe ich vom Ausflug mitgebracht." – „Oh, ist der schön", sagt Papa. „Aber vermisst er nicht seine Freunde?"

„Hm", meint Pauline. Als Papa nach dem Gutenachtsagen die Tür geschlossen hat, klettert sie noch einmal aus dem Bett.

Pauline öffnet das Fenster und holt vorsichtig den Maikäfer aus dem Becher. „Tschüs, Fridolin", sagt sie leise. Und dann fliegt der Käfer im Mondschein davon.

Die Urwald-Schule

Ein Gedicht von Rüdiger Paulsen
Mit Bildern von Laura Bischoff

Plappermaul und Zwitscherlein
sind zwei Urwald-Papageien.
Jeden Morgen um halb zehn,
müssen sie zur Schule gehn.
Lernen eifrig mit Bedacht,
was man so im Urwald macht.
Neben einer Wasserkuhle,
tief im Wald, liegt ihre Schule.

Oberlehrer Pavian
mahnt zur Ruhe und fängt an …

„Meine lieben Urwaldkinder,
das Schuljahr ist nun fast vorbei,
heute ist der letzte Schultag,
dann gibt's Ferien, ihr habt frei.

Darum möchte ich jetzt prüfen,
was ihr könnt und was ihr wisst,
wie verhält man sich am besten,
wenn es mal gefährlich ist?"

Karl das Warzenschwein legt los,
spritzt mit Schlamm, das ist famos.
„Ausgezeichnet", lobt der Lehrer,
„bitte merkt euch das genau.
Was der Karl so schön gemacht hat,
das war toll und wirklich schlau.
Wirft er rum mit Schmutz und Dreck,
laufen Feinde meistens weg."

Eloise Schlangentochter
streckt sich hoch, so wie ein Speer,
rollt mit ihren Augenbällen
und zeigt ihre Zunge her.
Wenn man sie von Nahem sieht,
ist es besser, wenn man flieht.

Plappermaul will's auch versuchen,
flattert auf das Palmendach,
schlägt mit seinen bunten Flügeln,
dabei macht er sehr viel Krach.
Wind und Lärm mit viel Gebraus,
da nimmt jeder gleich Reißaus.

Jetzt kommt Portia Riesenspinne,
spinnt ein Netz, sehr zart und fein.
Jeder, der dem Netz zu nah kommt,
hängt gleich fest, sie spinnt ihn ein.
So, das ist den Schülern klar,
kommt sie selten in Gefahr.

Wer sitzt still, läuft nicht davon?
Luzie, das Chamäleon!
Wenn Gefahr ihr einmal droht,
wechselt sie von Grün nach Rot.

Nun traut sich auch Zwitscherlein
und fliegt wilde Schleifen,
dann versucht sie ihren Freund
Plappermaul zu kneifen.

Tarek, schwarzes Pantherkind,
springt aufs Lehrerpult geschwind,
wirft sich in die Pantherbrust
und brüllt los mit großer Lust.
Das klang wirklich wunderbar.
Tarek nickt, das war ihm klar.

Hubert Faultier hängt sehr stumm
seit Tagen in der Schule rum.
Kommt er mal in große Not,
stellt er sich ganz einfach tot.
Sieht aus wie ein Teil vom Baum
und ein Feind erkennt ihn kaum.

„Liebe Kinder", spricht der Lehrer,
„das war alles wunderbar.
Bei Gefahren kann man brüllen,
Flügel schlagen, das ist klar.
Farbe wechseln, nicht bewegen,
oder Schlamm, ganz wild verspritzt,
Netze spinnen, Augen rollen,
ihr seid wirklich sehr gewitzt.
Eifrig lernen ist sehr wichtig,
alle waren wirklich gut,
darum gibt es zur Belohnung
Kokosnuss mit Zuckerhut."

Und dann ist der Tag zu Ende,
alle rufen laut: „Hurra!
Bis zum nächsten Jahr, Herr Lehrer,
endlich sind die Ferien da!"

Jetzt bin ich endlich Schulkind

Eine Geschichte von Lydia Hauenschild
Mit Bildern von Barbara Korthues

ABCDEFGHIJ

„Heute hat der Postbote einen Brief für dich gebracht", sagt Papa, als Emma vom Kindergarten nach Hause kommt. Er zeigt ihr feierlich ein Blatt Papier mit vielen Buchstaben darauf. „Hier steht, dass wir dich zur Schule anmelden können."

„Und du darfst mit mir zur Schuluntersuchung gehen", sagt Mama. „Dort wirst du gewogen und gemessen. In die Schule dürfen nur Kinder, die groß genug dafür sind."

„Ach so. Dann kommt der Neue in unserer Gruppe bestimmt auch in die Schule", überlegt Emma. „Titus ist einen ganzen Kopf größer als ich."

Ein paar Tage später wird Emma sechs Jahre alt. „Ich habe meinen Schulranzen geschenkt bekommen!", erzählt sie im Kindergarten stolz ihrer Freundin Merle. „Der ist rosa!"

„Schade, dass ich erst nächstes Jahr in die Schule darf", sagt Merle. „So einen Ranzen hätte ich auch gerne."

Da mischt sich Titus ein. „Pah, ihr Zwerge. Ich habe meinen schon ganz lange. Und wetten, dass der viel größer ist als Emmas Ranzen?"
„Angeber", raunt Emma. Aber so leise, dass Titus es nicht hören kann.

An einem sonnigen Nachmittag geht Emma mit Mama dann zum ersten Mal zur Schule. Dabei üben sie auch gleich den Schulweg. Schließlich steht Emma vor dem Schulgebäude. Sie ist schon oft daran vorbeigekommen. Aber erst heute fällt ihr auf, wie riesig die Schule ist.

„Mama, ich muss mal", sagt Emma, während sie drinnen an vielen Türen entlanglaufen. „Ganz dringend."

„Ich auch", sagt Mama. Sie schaut sich suchend um.

„Ah, dort ist eine Toilette. Siehst du? Da klebt ein kleines rotes Plastikmädchen an der Tür."

Nach dem Händewaschen laufen Mama und Emma zu dem Zimmer, in dem die Schuluntersuchung stattfindet.

Da öffnet sich die Tür – und Titus flitzt heraus!

„He, du Zwerg, was machst du denn hier?", ruft er Emma zu. „Du, da drin musst du auf einem Bein hüpfen. Ich hab's tausend Kilometer weit geschafft! Wetten, dass du das nicht kannst?"

Und schon ist Titus hinter der nächsten Ecke verschwunden.

Gleich darauf darf auch Emma zeigen, wie gut sie auf einem Bein hüpfen kann. „Super", lobt die Ärztin. „So weit hat es heute noch kein Kind geschafft."

Ein paar Wochen später besorgen Papa und Emma all die Dinge, die Emma für die Schule braucht.

„Ist das eine Menge!", staunt Mama, als sie abends die vielen Hefte, Blöcke und Stifte, den Malkasten, die Bastelsachen und das bunte Mäppchen sieht. „So viel habe ich als Kind nicht für die Schule bekommen."

„Ich auch nicht", gibt ihr Papa recht.

Emma legt den Kopf schief. „Stimmt, ihr wart ja auch mal Schulkinder. Erzählt ihr mir, wie das bei euch war?"

Heute besuchen Emma und Titus zum zweiten Mal die Schule. Mit ihrer Erzieherin Sabine dürfen sie in eine echte erste Klasse! Im Klassenzimmer werden sie von der Lehrerin freundlich begrüßt. Auch die Erstklässler sind nett. Sie erklären Emma und Titus, dass man immer nach vorne zur Lehrerin schauen soll. Und wie man sich meldet, wenn man

etwas weiß. Emma wundert sich, dass jedes Kind seinen eigenen Platz hat. Neben wem sie wohl später sitzen wird? Hoffentlich nicht neben Titus!

Am letzten Tag im Kindergarten gibt es für Emma und Titus ein Fest. „Freut ihr euch auf die Schule?", fragt Sabine beim Kuchenessen. Emma nickt. „Ich möchte unbedingt lesen und schreiben lernen. Ähm, und ich möchte bis tausend zählen können." – „Pah, du Zwerg! Wetten, dass ich das schneller lerne als du?", prahlt Titus mit vollen Backen. „Ihr schafft das bestimmt beide ganz locker", sagt Sabine.

„Warum können wir eigentlich nicht bei dir bleiben, Sabine?", fragt Emma. „Du kannst uns doch auch Lesen und Schreiben beibringen, oder?" Sabine schüttelt den Kopf. „Für den Kindergarten seid ihr jetzt einfach zu groß. Aber ihr dürft mich gerne immer noch besuchen, wenn ihr möchtet."

Emma strahlt. „Und Merle besuche ich auch ganz oft." „Ich bin froh, dass ich nicht mehr in den Kindergarten muss!", ruft Titus. Doch als Sabine mit den anderen Kindern ein Abschiedslied singt, glitzern in seinen Augen klitzekleine Tränen. Das sieht Emma genau.

Durch das Fenster scheint der Mond auf Emmas neuen Schreibtisch. Ab morgen bin ich ein Schulkind, denkt Emma. Sie freut sich – und hat doch auch etwas Angst. Emma hat gar nicht gewusst, dass das gleichzeitig geht. Was wird sie in der Schule alles erleben? Und was wohl in der Schultüte steckt, die Oma und Opa mitgebracht haben?

Als Emma am nächsten Tag auf dem Schulhof eintrifft, wimmelt es

dort schon von Kindern. „Da kommt der Schulleiter", sagt Mama. Er heißt die Erstklässler herzlich willkommen.

Dann führen die Lehrer ihre neuen Schüler zu den Klassenzimmern. Emma starrt auf die Stühle, die sich rasch füllen. Wohin soll sie sich setzen? „Nimm die freie Bank am Fenster", rät ihr Papa. „Dort hast du es schön hell." Und kaum sitzt Emma – da lässt sich Titus auf den Stuhl neben ihr fallen. „He, du", murmelt er. „Wollen wir Freunde sein?" „Wir beide?", fragt Emma verdattert. „Hm. Mal sehen." Immerhin hat Titus diesmal nicht Zwerg zu mir gesagt, freut sich Emma.

Die ersten Tage in der Schule machen Emma großen Spaß. Auch im Schulgebäude kennt sie sich schon gut aus. Heute ist die Klasse im Musiksaal, wo die Kinder mit den Instrumenten üben dürfen.

Da ertönt der Schulgong. „Pause!", rufen die Erstklässler und stürmen auf den Hof hinaus, um gemeinsam Fangen zu spielen oder auf das Klettergerüst zu steigen. Nur Titus bleibt im Flur zurück – und trippelt von einem Bein auf das andere.

„Was ist denn mit dir?", fragt Emma. „Ich ... ich muss dringend Pipi machen", grummelt Titus verlegen. „Aber ich habe vergessen, wo das Klo ist." – „Komm", sagt Emma. Sie führt Titus zu der Tür, auf der ein kleiner blauer Plastikjunge klebt, und wartet, bis er wieder herauskommt. „Danke", sagt Titus erleichtert." Dann grinst er schon wieder breit. „Aber wetten, dass ich schneller auf dem Pausenhof bin als du?" – „Wetten, dass nicht?", ruft Emma lachend – und flitzt los.

   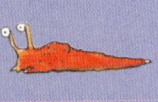